사례로 보는

종중소송

이야기

사례로 보는

종중소송

이야기

김예림 변호사

쏠트라인

종중소송의 개관

■ 종중소송은 재산의 귀속 여부에 관하여 다투는 경우가 대부분이고, 그 밖에 종중의 존부, 대표자의 자격 유무, 총회 결의 등의 효력 유무를 다투는 소송 등이 있습니다.

■ 종중소송의 사례

• 소유권이전등기청구의 소

▶ 종중이 종원에게 명의신탁한 종토를 되찾으려는 경우

▶ 종중의 대표자나 종원으로부터 종토를 매수한 자가 그 소유권 이전을 청구하는 경우

▶ 점유취득시효 등을 원인으로 토지의 소유권 이전을 청구하는 경우

- 소유권이전등기말소청구의 소

  ▶ 총회결의 없이 처분한 종토를 되찾으려는 경우

- 금전지급청구의 소

  ▶ 종원이 규약 등에 따라 종중재산의 매각대금분배 등을 청구하는 경우

  ▶ 분묘를 훼손한 자에 대하여 손해배상을 청구하는 경우

  ▶ 하위 종중이 상위 종중에게 명예훼손을 이유로 손해배상을 청구하는 경우

  ▶ 종중이 종토를 무단점유한 자에 대하여 임료를 청구하는 경우

- 총회결의무효(부존재)확인청구의 소

  ▶ 남자 종원에게만 종토의 매각대금을 분배하기로 한 총회결의의 효력을 다투려는 경우

  ▶ 일부 종원에 대한 소집통지가 누락되는 등 총회소집 절차에 하자가 있음을 이유로 총회결의의 효력을 다투려는 경우의 효력을 다투는 경우

시조는 같으나 공동선조가 다른 두 종중의 사례

'갑' 문중은 A씨의 시조 a의 1세손 b를 공동선조로 하고, '을'문중은 A씨의 시조 a의 9세손 c를 공동선조로 하고 있습니다. '갑'과 '을'은 모두 공동선조의 분묘를 수호하고, 제사를 받들며, 후손 상호간의 친목을 도모하기 위해 자연발생적으로 성립된 종족 단체인데, 이러한 경우에 '갑'과 '을'은 각각 별개의 종중에 해당할까요?

종중의 성립

종중은 공동선조의 분묘를 수호하고, 제사를 받들며, 후손 상호간의 친목을 도모하기 위해 자연발생적으로 성립한 종족 단체입니다. 종중의 성립에는 특별한 조직행위나 성문의 규약이 필요하지 않고, 공동선조의 성과 본을 같이 하는 후손 중에 성년이 된 자는 당연히 종중의 구성원인 종원이 됩니다.

■ 소종중과 대종중

종중은 '공동선조를 누구로 하는지'에 따라 소종중과 대종중으로 나누어집니다. 예를 들어, 이미 성립한 종중의 공동선조 후손 중에 한 사람을 공동선조로 하여 소종중이 성립할 수도 있고, 반대로 이미 그 선조 중에 한 사람을 공동선조로 하여 대종중이 성립할 수도 있습니다.(대법원 1991. 8. 27. 선고 91다16525 판결).

■ '갑'과 '을' 문중은 각각 별개의 종중에 해당할까요?

'갑'과 '을' 문중은 각각 b와 c를 공동선조로 하고 있으므로 별개의 종중에 해당합니다.

종중의 당사자능력 더 알아보기

▶ '당사자능력'이란 소송의 당사자가 될 수 있는 일반적, 추상적인 능력을 의미합니다. 당사자능력이 존재하지 않는 자에 의해 제기된 소는 부적법하여 '각하'되는 것이 원칙입니다. 법인 아닌 사단으로서 당사자능력을 갖기 위해서는 일정한 정도로 조직을 갖추고, 지속적인 활동을 하는 단체성이 있어야 하며,

대표자가 정해져 있어야 하는데, 자연발생적으로 성립한 종중의 경우에도 이러한 요건을 갖추어야만 당사자능력을 가질 수 있습니다. 한편, 당사자능력을 갖추고 있는지 여부는 '사실심 변론종결시'를 기준으로 판단합니다(대법원 2010. 3. 25. 선고 2009다95387 판결).

고유의 의미의 종중이란 공동선조의 후손들에 의하여 그 선조의 분묘수호 및 봉제사와 후손 상호간의 친목을 목적으로 형성되는 자연발생적인 종족단체로서 특별한 조직행위가 없더라도 그 선조의 사망과 동시에 그 후손에 의하여 성립한다. 다만 비법인 사단이 민사소송에서 당사자능력을 가지려면 일정한 정도로 조직을 갖추고 지속적인 활동을 하는 단체성이 있어야 하고 또한 그 대표자가 있어야 하므로(민사소송법 제52조), 자연발생적으로 성립하는 고유한 의미의 종중이라도 그와 같은 비법인사단의 요건을 갖추어야 당사자능력이 인정된다 할 것이고 이는 소송요건에 관한 것으로서 사실심의 변론종결 시를 기준으로 판단하여야 한다(대법원 2010. 3. 25. 선고 2009다 95387 판결 참조).

> ### 종중의 명칭에 지역명 '홍성'이 포함된 사례
>
> '갑씨 홍성 소종친회'는 '갑'씨의 21세손인 a의 후손 중에 성년이 된 자를 구성원으로 하여 분묘수호, 봉제사를 목적으로 하는 자연발생적 종족 단체입니다. '갑씨 홍성 소종친회'의 경우 지역명인 '홍성'을 그 명칭에 포함하고 있는데, 일부 지역에 모여 사는 후손으로 구성된 종족 단체의 경우에 고유한 의미의 종중이 될 수 없는 점에 비추어, '갑씨 홍성 소종친회'는 종중으로 인정될 수 있을까요?

▣ 명칭에 따른 종중의 성립 여부

소종중이나 지파종중의 명칭은 중시조의 관직이나 시호 다음에 소종중이나 지파종중 시조의 관직이나 시호를 붙여 부르는 것이 일반적입니다. 그러나 어떤 종족 단체가 고유한 의미의 종중에 해당하는지의 여부는 그 명칭에 관계없이 실제 해당 단체가 공동선조의 분묘수호와 봉제사를 목적으로 후손 전부를 구성원으로 하여 성립되었는지 여부를 기준으로 판단해야 합니다.

■ '갑씨 홍성 소종친회'는 종중으로 인정받을 수 있을까요?

'갑씨 홍성 소종친회'의 경우에 그 명칭에 지역명인 '홍성'이 포함되어 있기는 하나 실제 공동선조 a의 분묘를 수호하고, 제사를 지낼 목적으로 그 후손 전부를 구성원으로 하여 성립된 종족단체에 해당합니다. 따라서 '갑씨 홍성 소종친회'는 a를 공동선조로 하는 고유한 의미의 종중으로 볼 수 있습니다.

03 여성도 종원이 될 수 있는지 여부

> ### 종중의 여성인 후손이 종원 자격을 주장한 사례
>
> A는 '갑' 종중의 성년이 된 후손으로, '여성'입니다. A는 '갑'에게 자신이 '갑' 종중의 종원임을 이유로 '갑'의 규약에 따라 경로금과 자녀학자금을 지급하여 줄 것을 요구하였습니다. 그러나 '갑'은 종원의 자격이 남성에게만 있다면서 A의 요구를 거절하였습니다. 이 경우 A는 '갑' 종중의 종원 자격을 인정받지 못하는 것일까요?

■ 관습법

'관습법'이란 사회의 거듭된 관행으로 만들어진 사회생활규범이 사회의 법적 확신에 의하여 법적인 규범으로 승인된 것을 의미합니다. 어떤 관행이 관습법으로 승인된 경우에도 사회 구성원들이 그 관행의 법적 구속력에 대해 더 이상 확신을 갖지 않게 되거나, 사회를 지배하는 기본 이념등의 변화로 그 관행이 전체 법질서와 부합하지 않게 되는 경우 등에는 그 관행은 법적 규범으로서의 효력을 상실하게 됩니다.

■ 대법원 2005. 7. 11. 선고 2002다1178 전원합의체 판결

　대법원은 종원의 자격을 '성년 남자'로만 제한하는 내용의 종중 규약에 관하여 "종원의 자격을 성년 남자로만 제한하고 여성에게는 종원의 자격을 부여하지 않는 종래 관습에 대하여 우리 사회 구성원들이 가지고 있던 법적 확신은 상당 부분 흔들리거나 약화되어 있고, 무엇보다도 헌법을 최상위 규범으로 하는 우리의 전체 법질서는 개인의 존엄과 양성의 평등을 기초로 한 가족생활을 보장하고, 가족 내의 실질적인 권리와 의무에 있어서 남녀의 차별을 두지 아니하며, 정치·경제·사회·문화 등 모든 영역에서 여성에 대한 차별을 철폐하고 남녀평등을 실현하는 방향으로 변화되어 왔으며, 앞으로도 이러한 남녀평등의 원칙은 더욱 강화될 것인바, 종중은 공동선조의 분묘수호와 봉제사 및 종원 상호간의 친목을 목적으로 형성되는 종족단체로서 공동선조의 사망과 동시에 그 후손에 의하여 자연발생적으로 성립하는 것임에도, 공동선조의 후손 중 성년 남자만을 종중의 구성원으로 하고 여성은 종중의 구성원이 될 수 없다는 종래의 관습은, 공동선조의 분묘수호와 봉제사 등 종중의 활동에 참여할 기회를 출생에서 비롯되는 성별만에 의하여 생래적으로 부여하거나 원천적으로 박탈하는 것으로서, 위와 같이 변화된 우리의 전체 법질서에 부합하지 아니하여 정당성과 합리성이 있다고 할 수 없으므로, 종중 구성원의 자격을 성년 남자만으로 제한하는 종래의 관습법은 이제 더 이상 법적 효력을 가질 수 없게

되었다."고 판시하여 공동선조의 성과 본을 같이 하는 후손의 경우에는 성별에 따른 차별 없이 성년이 되면 당연히 종원이 된다는 입장입니다.

■ A는 '갑' 종중의 종원으로 인정받지 못할까요?

위 판례와 더불어 종중이 공동선조의 분묘를 수호하는 등의 목적으로 하여 자연발생적으로 성립한 종족 단체라는 점에 비추어, 공동선조의 본과 성을 같이 하는 후손의 경우 성년이 되면 성별과 관계없이 당연히 종중의 구성원인 종원이 된다고 볼 수 있습니다. 따라서 여성인 A도 '갑' 종중의 종원으로 인정받을 수 있습니다.

관련 사례 더 알아보기

▶ 여자 종원의 동의 등이 없는 한 여자 종원에게 남자 종원의 절반 이하로 재산을 분배하도록 하는 내용의 종중총회 결의는 효력이 없습니다.

여자 종원에게 남자 종원의 절반 이하의 비율로 재산을 분배하는 것을 내용으로 하는 종중총회의 결의의 유효 여부가 문제된 사안에서, 오로지 성별을 이유로 여자 종원을 남자 종원에 비하여 불리하게 취급하고 있고 이에 관하여 여자 종원들의 동의를 얻었다거나 혹은 남자 종원에 비하여 여자 종원에게 재산을 적게 분배해야 할 만한 특별한 사정 역시 인정되지 않는다면 그러한 종중총회의 결의는 무효이다(서울지방법원 2009. 10. 8. 선고 2008가합19235 판결).

▶ 여자 종원의 후손도 그 여자 종원이 속한 종중의 종원이 됩니다.

A가 어머니 B의 성과 본에 따라 성·본 변경신고를 한 후, 어머니 B가 구성원으로 있는 甲 종중을 상대로 종원 지위의 확인을 구한 사안에서, (생략) A가 여성 종원의 후손이라 하더라도 공동선조의 분묘수호와 제사 및 종원 상호 간의 친목 등을 목적으로 하여 구성되는 자연발생적인 종족집단인 甲 종중의 구성원이 될 수 있다고 봄이 조리에 합당하며, 설사 여성 종원의 후손은 여성 종원이 속한 종중의 구성원이 될 수 없다는 종래의 관습 내지 관습법이 있었다 하더라도, 이는 변화된 우리의 전체 법질서에 부합하지 아니하여 정당성과 합리성을 상

실하였으므로, 甲은 丙 종중의 종원에 해당한다(서울고등법원 2017. 8. 25. 선고 2017나2015421 판결).

▶ 여자 종원에게 소집통지를 하지 않은 채 개최된 종중총회에서의 결의는 무효입니다.

종중 총회 당시 남자 종원들에게만 소집통지를 하고 여자 종원들에게 소집통지를 하지 않은 경우 그 종중 총회에서의 결의는 효력이 없다(대법원 2010. 2. 11. 선고 2009다83650 판결).

종중유사단체의 여성인 후손이 회원 자격을 주장한 사례

'갑' 단체의 규약 중 제4조와 제5조는 다음과 같다.

제4조(회원의 자격) 회원은 '갑'씨 '을'파로서 A에서 파생된 선조의 후손이어야 한다. 단, 시초 종계 시 출자한 후손에 한정한다.

제5조(회원 자격의 요건) 회원은 '갑'씨 '을'파 A의 후손으로서 남자이어야 하고, 여자는 자격이 없다.

A의 후손으로서 여성인 B는 '갑' 단체 규약 제5조는 합리적 이유 없이 여성을 차별하는 것이므로 무효라고 주장하며, 자신을 '갑' 단체의 회원으로 인정하여 달라고 요구하고 있습니다. B는 '갑' 단체의 회원으로 인정받을 수 있을까요?

■ 종중과 종중유사단체의 구별

고유한 의미의 '종중'이란 공동선조의 분묘를 수호하고 제사를 지내며 후손 상호간 친목을 도모하기 위하여 자연발생적으로 성립된 종족 단체를 말하고, 어떤 조직적인 활동이나 성문의 규약 없이도 선조의 사망과 동시에 그 후손에 의하여 성립됩니다. 한편, '종중유사단체'는 공동선조의 후손 중 일부에 의하여 인위적인 조직행위를 거쳐 성립된 단체를 말합니다.

한편, 어떤 단체가 고유한 의미의 종중인지 또는 종중유사단체인지의 여부는 단체의 목적, 성립 및 조직된 경위, 구성원자격의 범위와 기준, 단체 규약의 내용 등을 고려해 판단하여야 합니다.

■ 종중유사단체 규약의 효력

종중유사단체는 비록 그 목적이나 기능이 고유한 의미의 종중과 차이가 없다고 하더라도, 사적으로 결사된 임의 단체라는 점에서 자연적으로 발생한 고유한 의미의 종중과 그 성질을 달리합니다. 종중유사단체의 경우 고유한 의미의 종중에 비하여 사적자치의 원칙 및 결사의 자유가 보다 폭넓게 인정되므로, 원칙적으로 그 구성원의 자격이나 가입 조건을 자유롭게 정할 수 있고, 사안과 같이 공동선조의 후손 중 남성만을 그 구성원으로 한정하는 내용의 단체 규약을 정하더라도 특별한 사정이 없는 한 유효합니다(대법원 2011. 2. 24. 선고 2009다17783 판결 참조).

■ 여성인 B는 '갑' 단체의 회원으로 인정받을 수 있을까요?

'갑' 단체 규약 제4조에 따르면 회원의 자격이 '갑'씨 '을'과 A의 후손으로서 시초 종계 시 출자한 자로 한정되므로 '갑' 단체는 A의 후손 중 일부에 의하여 인위적으로 성립된 종중유사단체에 해당합니다. 따라서 '갑' 단체는 사적 자치의 원칙 및 결사의 자유에 따라 그 구성원을 남성으로만 한정하는 것이 가능하므로, 여성인 B는 규약 제5조에 의하여 '갑' 단체의 회원이 될수 없습니다.

관련 사례 더 알아보기

▶ 종중유사단체에 관한 법률관계에는 종중유사단체의 성질이나 규약에 반하지 않는 범위 내에서 종중에 관한 법리가 적용됩니다.

선조의 분묘수호와 제사봉행 및 친목도모 등을 목적으로 공동선조의 후손 전원을 구성원으로 하여 자연발생적으로 성립하는 고유 의미의 종중과 그 후손 중 특정 지역의 거주자 또는 특정한 자격 요건을 갖춘 사람들만을 구성원으로 하는 종중 유사단체는 그 법적 지위나 단체의 구성 등에서 차이가 있지만, 종족 단체라는 근본 성격과 추구하는 목적 및 운영방식 등은 유사한 점이 있으므로, 종중에 관한 법리는 그 성질이나 규약에 반하지 아니하는 범위 내에서 종중 유사단체에 관한 법률관계에도 적용된다 할 것이고, 특히 종중총회의 소집 및 통지 등에 관한 위에서 본 법리는 종중 유사단체에도 마찬가지로 적용된다고 할 것이다(대법원 2014. 2. 13. 선고 2012다98843 판결).

종중의 동일성

┌─────────────────────────────────────┐

소송 중 공동선조를 변경하려 한 사례

'갑' 종중은 소송이 계속되던 중, '갑' 종중의 공동선조가
A가 아닌 B라고 주장하며 법원에 '갑씨 을파 A 종중'에서
'갑씨 을파 B 종중'으로 그 명칭을 변경한다는 취지의 당사
자표시정정을 신청하였습니다. 이러한 신청은 허용될까요?

└─────────────────────────────────────┘

■ 당사자표시정정

'당사자표시정정'은 최초의 당사자와 동일한 범위 내에서 오
기 등을 바로잡기 위해서만 허용되고, 인격을 전혀 달리하는 당
사자로 변경하는 것은 허용되지 않습니다.

■ 종중의 동일성 판단기준

종중은 '공동선조를 누구로 하는지'에 따라 그 실체가 특정됩
니다(대법원 1994. 10. 11. 선고 94다19792 판결 참조).

■ 위 당사자표시정정은 허용될까요?

'갑' 종중은 공동선조를 A가 아닌 B라고 주장하며 당사자표시정정을 신청하고 있습니다. 이는 공동선조가 다른 별개의 종중으로 당사자를 변경하여 달라는 내용으로 당사자표시정정이 허용되지 않는 경우입니다.

종중의 분열

한 분파에서 선출한 대표자가 종중이 공탁한 금원을 회수한 사례

'갑' 종중은 A를 대표자로 추종하는 종원으로 이루어진 'A 분파'와 '갑'의 현재 대표자인 B를 추종하는 종원으로 이루어진 'B 분파'로 사실상 분열되어 있습니다. B가 명의신탁 하였던 토지에 관해 수탁자에게 처분금지가처분을 제기하며 그 보증금으로 1천만원을 공탁하였는데, 'A 분파'에 속한 종원들이 임의로 총회를 소집하여 A를 대표자로 선출하고 공탁금 1천만원을 회수하기로 결의한 후에 A가 위 처분금지가처분을 취하하고 공탁금 1천만원을 회수하였습니다. 이러한 A의 행위는 유효할까요?

 ※ 'A 분파'가 소집한 총회에서 한 위 결의는 의결정족수를 충족하였습니다.

▣ 종중의 분열

종중이 종원의 자격을 박탈하거나 종원 스스로가 종중을 탈퇴하는 것은 허용되지 않으므로 종중의 분열 역시 인정되지 않습니다. 한 개의 종중이 내분으로 인해 사실상 두 개의 분파로

나뉜 경우에는 어느 한 분파에 의하여 종중총회가 개최되어 그 총회에서 대표자를 선출하는 결의가 성립하였다고 하더라도, 그 대표자는 해당 분파의 대표자에 불과할 뿐 종중의 대표자가 될 수 없습니다(대법원 1998. 2. 27. 선고 97도1993 판결).

■ A의 행위는 유효할까요?

위와 같은 판례의 법리에 따라 살펴보면, '갑' 종중이 사실상 분열된 상태였다고 하더라도 '갑'의 대표자는 여전히 B이고 A는 'A 분파'의 대표자에 불과하여 '갑' 종중이 제기한 처분금지 가처분을 취소하고 공탁금을 회수할 권한이 없습니다. 따라서 A의 행위는 유효하지 않습니다.

종원 A가 총회를 소집한 사례

'갑'의 종원인 A(연고항존자 아님)는 연락이 가능한 종원 전부에게 소집통지를 하여 종중총회를 개최하였고, 그 총회에서 A를 '갑'의 대표자로 선출하였습니다. A는 '갑'의 대표자로 적법하게 선출되었을까요?

■ 종중총회의 소집권자

종중총회는 종중의 대표자가 소집하여야 하고, 정당한 소집권자가 아닌 자에 의하여 소집된 총회에서 이루어진 결의는 무효입니다. 종중의 대표자는 종중규약이나 관례가 있으면 그에 따르고, 없으면 일반 관습에 의하여 종장이나 문장이 되며, 종장이나 문장도 없는 경우에는 생존하는 종원 중에 항렬과 나이가 가장 높은 '연고항존자'가 됩니다(대법원 1987. 6. 23. 선고 86다카2654 판결 참조).

▨ A는 '갑'의 대표자로 적법하게 선출되었을까요?

A는 '갑'의 종장이나 문장 또는 연고항존자가 아니므로 종중총회를 소집할 권한이 없는 자입니다. 따라서 권한 없는 자에 의해 소집된 총회에서 A를 종중 대표자로 선출하기로 한 결의는 효력이 없습니다(대법원 1983. 12. 27. 선고 83다카606 판결 참조).

여성도 연고항존자가 될 수 있는지에 관한 사례

‘갑’ 종중의 종원인 A는 63세의 남성으로 ‘갑’ 종중의 남성 중 최고령자이고, B는 65세 여성으로 ‘갑’ 종중의 남성과 여성 후손을 통틀어 가장 나이가 많습니다. A와 B의 항렬이 동일하다고 할 때 ‘갑’ 종중의 연고항존자는 누구일까요?

■ 연고항존자

‘연고항존자’는 전체 종원 중에 항렬이 가장 높고 나이가 많은 자를 말합니다. 연고항존자는 족보 등의 객관적인 자료를 참고하여 정하되, 연고항존자에 해당하는 자의 생사가 명확치 않거나 연락이 불가능한 경우에는 사회통념상 가능하다고 인정되는 방법으로 그 생사 여부 및 연락처를 파악한 후에 가능한 범위 내에서 연고항존자를 정하면 족합니다(대법원 2010. 12. 9. 선고 2009다26569 판결).

■ '갑' 종중의 연고항존자는 A와 B 중 누구일까요?

연고항존자는 성별에 관계 없이 전체 종원 중에 항렬이 가장 높고 나이가 많은 자를 말합니다. 따라서 '갑' 종중의 연고항존자는 B가 됩니다.

> ### 연고항존자가 정당한 이유 없이 총회를 소집하지 않은 사례
>
> '갑' 종중의 종원인 A와 B는 연고항존자인 C에게 대표자 선출을 위한 종중총회의 소집을 요구하였습니다. 그런데 C가 정당한 이유 없이 총회를 소집하지 않고 있습니다. 이러한 경우 '갑' 종중이 총회를 소집할 수 있는 방법이 있을까요?

■ 연고항존자가 정당한 이유 없이 총회를 소집하지 않는 경우

종원은 대표자를 선정하는 등 총회를 소집할 필요가 있다고 생각하면 정당한 소집권자인 연고항존자에게 총회 소집을 요구할 수 있습니다. 그러나 이러한 요구에도 불구하고 연고항존자가 정당한 이유 없이 총회를 소집하지 않는 경우에는 차석 연고항존자에게 총회의 소집을 요구하거나 총회 소집을 요구한 발기인이 직접 총회를 소집할 수 있습니다(대법원 1994. 5. 10. 선고 93다51454 판결).

■ '갑' 종중이 총회를 소집할 수 있는 방법은 무엇일까요?

소집권자인 연고항존자 C가 정당한 이유 없이 총회의 소집을 거부하는 경우에 '갑' 종중의 차석 연고항존자가 총회를 소집하거나 소집을 요구한 발기인 A 또는 B가 직접 총회를 소집할 수 있습니다.

10 종중총회 소집통지의 방법

> ### 연락이 불가능한 종원들에게 그 친족을 통해 소집통지를 한 사례
>
> '갑'의 종원인 A는 연고항존자인 B의 동의를 얻어 종중총회를 소집하면서 연락이 가능한 종원들에게 우편으로 소집통지를 하고, 연락이 불가능한 종원들에게는 그 종원의 친족 중 가장 항렬이 높은 종원에게 소집통지를 하면서 해당 종원에게 총회 개최 사실을 알리도록 부탁하였습니다. 이러한 총회의 소집은 적법할까요?

■ 소집권자의 동의를 얻어 일반 종원이 총회를 소집한 경우

종중총회를 소집할 적법한 권한이 있는 연고항존자 등이 직접 총회를 소집하지 않고 다른 종원에게 그 권한을 위임하거나 다른 종원이 총회를 소집하는 것에 동의하여 준 경우 그 종원에 의하여 소집된 총회는 적법합니다.

■ 종중총회 소집통지의 방법

종중은 총회를 개최하려는 경우에 특별한 사정이 없는 한 족

보에 기재된 종원에 대하여 전부 소집통지를 하는 것이 원칙입니다. 이때 소집통지는 반드시 서면으로 하여야 하는 것은 아니고, 구두 또는 전화로 할 수도 있으며, 다른 종원이나 세대주를 통하여 하는 것도 가능합니다(대법원 2012. 4. 13. 선고 2011다70169 판결 참조).

■ 위 총회의 소집은 적법할까요?

A는 정당한 소집권자인 B의 동의를 얻어 총회를 개최하였으므로 위 총회를 권한 없는 자에 의해 소집된 것으로 볼 수 없습니다. 또한 A는 연락이 가능한 종원에게 우편으로 통지하되, 일부 주소를 알 수 없는 종원에 한하여 다른 종원을 통해 통지하였으므로 이러한 소집통지 역시 적법합니다. 따라서 위 총회의 소집은 적법합니다.

관련 사례 더 알아보기

▶ 종중총회의 정당한 소집권자가 총회에 참석하여 그 소집절차에 대한 이의를 하지 않았다는 사정만으로 소집권자가 총회 소집에 관한 동의를 하였다고 볼 수 없습니다.

소집권한 없는 자에 의한 총회소집이라 하더라도 소집권자가 소집에 동의하여 그로 하여금 소집하게 한 것이라면 그와 같은 총회소집을 권한 없는 자의 소집이라고 볼 수 없다. 단지 소집권한 없는 자에 의한 총회에 소집권자가 참석하여 총회소집이나 대표자 선임에 관하여 이의를 하지 아니하였다고 하여 이것만 가지고 총회가 소집권자의 동의에 의하여 소집된 것이라거나 그 총회의 소집절차상의 하자가 치유되어 적법하게 된다고 할 수 없다(대법원 2003. 9. 5. 선고 2002다17036 판결).

▶ 지파나 거주지별 대표자에게만 소집통지를 한 경우 그 소집통지는 적법하지 않습니다.

지파나 거주지별 대표자에게만 하는 총회 소집통지는 부적법하다(대법원 1982. 5. 11. 선고 81다609 판결).

11 종중총회 소집통지의 기한

> ### 총회 개최일 4일 전에 소집통지를 한 사례
>
> '갑' 종중의 대표자 A는 2018. 3. 30. 연락이 가능한 종원들에 대하여 종중총회 소집통지를 하고, 2018. 4. 3. 총회를 개최하였습니다. 이러한 총회의 소집은 적법할까요?

■ 종중총회 소집통지의 기한

종중총회 소집통지는 특별한 규약이나 관례가 없는 한 민법 제71조에 따라 종중총회 개최일의 1주일 전까지 발송하여야 합니다(대법원 1995. 11. 7. 선고 94다7669 판결 참조).

■ 위 총회의 소집은 적법할까요?

'갑' 종중이 2018. 4. 3. 총회를 소집하기 위해서는 그 전날인 2018. 4. 2.을 기산점으로 하여 1주일 전인 2018. 3. 26. 자정까지 총회 소집통지를 발송하여야 합니다. 따라서 위 총회는 소집기한을 어긴 것으로서 적법하지 않습니다.

관련 사례 더 알아보기

▶ 종원들이 사전에 회의 목적사항을 알고 있는 등 토의권과 결의권을 행사하는 데에 방해받지 않았다고 볼 만한 특별한 사정이 있다면, 소집통지를 1, 2일 지연한 경우에도 그로 인해 총회의 결의가 무효로 되지는 않는다는 것이 판례의 입장입니다.

비법인 사단의 총회개최에 일정의 유예기간을 두고 소집통지를 하도록 규정한 취지는 그 구성원의 토의권과 의결권의 행사를 보장하기 위한 것이므로 회원에 대한 소집통지가 단순히 법정기한을 1일이나 2일 지연하였을 뿐이고 회원들이 사전에 회의의 목적사항을 알고 있는 등의 사정이 있었다면 회원의 토의권 및 결의권의 적정한 행사는 방해되지 아니한 것이므로 이러한 경우에는 그 총회결의는 유효하다(대법원 1999. 6. 25. 선고 99다10363 판결).

기간의 계산 더 알아보기

▶ 기간을 시, 분, 초로 정한 때에는 즉시 기산합니다(민법 제 156조).

 예) 4월 1일 오전 9시부터 10시간 → 4월 1일 오후 7시

▶ 기간을 일, 주, 월, 연으로 정한 때에는 기간의 초일을 산입하지 않고 그 다음날부터 기산하며, 기간의 말일을 종료일로 합니다(민법 제157, 제159조). 다만, 기간의 말일이 공휴일인 경우에는 그 다음날을 종료일로 합니다(민법 제161조).

 예) 5월 1일부터 5일 → 5월 6일

▶ 기간을 소급하여 기산하는 경우에도 장래를 향하여 기산하는 경우와 동일한 방법으로 계산합니다.

 예) 3월 15일부터 7일 전까지

   → 3월 8일 0시까지(3월 7일 자정까지)

종중규약에 정기적으로 총회를 개최하도록 정한 경우

> ### 종중규약에 정기적으로 총회를 개최하도록 정한 사례
>
> '갑' 종중의 규약 제5조는 다음과 같습니다.
>
> 제5조(정기총회의 개최) 정기총회는 연 1회, 음력 10월 15일 재실에서 개최한다.
>
> '갑' 종중은 별도의 소집통지를 하지 않고, 2009. 12. 1.(음력 10월 15일) 재실에서 정기총회를 개최하였습니다. 이러한 총회의 개최는 적법할까요?

■ 종중규약에 정기적으로 총회를 개최하도록 정한 경우

종중은 총회를 개최하려면 특별한 사정이 없는한 연락 가능한 종원 전부에게 소집통지를 해야 합니다. 그러나 종중규약 등에 매년 일정한 날짜와 장소에서 정기적으로 총회를 개최하기로 미리 정한 경우에는 별도의 소집통지 없이 총회를 개최하였더라도 그 총회가 부적법하지 않습니다(대법원 2014. 2. 13. 선고 2012다98843 판결).

■ 위 총회의 개최는 적법할까요?

'갑' 종중의 규약 제5조에는 "정기총회는 연 1회, 음력 10월 15일 재실에서 개최한다."고 명시되어 있습니다. 따라서 종원에게 별도의 소집통지를 하지 않았다고 하더라도, 위 총회는 적법하게 개최되었습니다.

13 소집통지에 하자가 있으나 총회 의결정족수가 충족된 경우

일부 종원에 대한 소집통지가 누락되었으나 의결정족수가 충족된 사례

'갑' 종중은 총회를 소집하면서, 연락 가능한 종원 50명 중에 17명에 대하여만 소집통지를 하였습니다. 그런데 정작 총회개최일에 29명의 종원들이 출석하여, 그들 전원의 찬성으로 '갑' 종중 소유의 토지를 매각하기로 하는 내용의 결의를 하였습니다. 이러한 결의는 효력이 있을까요?

※ 특별한 사정이 없는 한, 종중총회의 의결정족수는 '종원 과반수 이상 출석, 출석자 과반수 이상 동의'입니다.

■ 소집통지에 하자가 있으나 총회 의결정족수가 충족된 경우

종중은 총회를 개최하려는 경우에 연락 가능한 모든 종원에게 소집통지를 하여야 하고, 그 중 일부 종원에 대하여 소집통지를 누락한 채 개최된 총회에서 이루어진 결의는 이는 의결정족수가 충족되었다고 하더라도 마찬가지입니다(대법원 1992. 11. 27. 선고 92다34124 판결).

■ 위 결의는 효력이 있을까요?

'갑' 종중은 연락 가능한 종원 50명 중에 불과 17명에게만 총회 소집통지를 하였으므로 '갑' 종중의 위와 같은 결의는 총회 소집절차의 하자로 인해 효력이 없습니다.

> **총회에 참석한 종원의 수와 결의 시에 남아있던 종원의 수가 다른 사례**
>
> '갑' 종중은 총회를 열어 A를 대표자로 선출하기로 하는 내용의 안건을 상정하였습니다. '갑'의 종원은 총 40명이고, 총회에 참석한 종원은 26명이며, 위 안건을 결의할 때 회의장에 있던 종원은 22명입니다. 12명의 종원이 위 안건에 찬성하였다면, A는 '갑' 종중의 대표자로 선출된 것일까요?

■ 종중총회의 의결정족수

종중총회의 결의는 특별한 규약이나 관례가 없으면 민법 제75조에 따라 '종원 과반수 이상의 출석, 그 출석자 과반수 이상의 동의'로 성립합니다. 이때 '출석한 종원'이란 총회에 참석한 모든 종원을 의미하는 것이 아니라 해당 안건에 대해 결의할 때 회의장에 남아있던 종원을 의미합니다. 따라서 회의가 진행되던 중에 스스로 퇴장한 종원은 출석한 종원의 수에서 제외됩니다(대법원 2001. 7. 27. 선고 2000다56037 판결).

■ A는 '갑' 종중의 대표자로 적법하게 선출되었을까요?

'갑' 종중은 규약 등에서 별도로 의결정족수를 정하고 있지 않으므로 '갑' 종중총회의 의결정족수는 '종원 과반수 이상의 출석, 출석자 과반수 이상의 동의'입니다. 이때 출석한 종원은 안건 결의 시에 남아있던 종원만을 의미하므로 A를 대표자로 선출하는 내용의 위 안건은 종원 40명 중에 과반수가 넘는 22명이 출석하여 그 중 12명이 찬성함으로써 적법하게 가결되었다고 할 것입니다.

> **총회에 참석하지 않고 대리인을 통하여 서면으로 결의권을 행사한 사례**
>
> '갑' 종중의 규약 중 제5조는 다음과 같습니다.
>
> 　제5조(총회의 의사 및 의결정족수) 총회의 결의는 출석
> 종원으로 개의하여 그 출석한 종원의 과반수 동의로 의결
> 한다.
>
> '갑' 종중의 총회에는 '갑' 종중의 종원 총 167명 중에 60
> 명이 의결권을 행사하였는데, 그 중 30명은 총회장에 직접
> 출석하지 않고 대리인을 통해 서면의결서를 제출하였습니
> 다. '갑' 종중이 그 소유의 토지를 매각하기로 하는 안건을
> 상정하여 60명 전원이 찬성하였음을 이유로 해당 안건을
> 가결하였다면, 이는 효력이 있을까요?

■ 의결정족수를 민법과 달리 정한 경우

　종중은 종회의 의결정족수를 규약이나 관례에 따라 달리 정
할 수 있습니다. 따라서 '갑' 종중이 의결정족수를 민법에 따라
'종원 과반수 이상 출석, 출석자 과반수 이상 동의'로 정하지 않

고, '출석자 과반수 이상 동의'만으로 정하는 것도 가능합니다.

▣ 서면이나 대리인을 통하여 총회 결의권을 행사하는 경우

민법상 사단법인에 관한 규정은 규약이나 관례에 특별한 규정이 없는 한 종중과 같은 법인 아닌 사단에 대하여도 준용됩니다. 따라서 민법 제73조와 제75조에 따라 종원은 서면이나 대리인을 통해 총회에서의 의결권을 행사할 수 있습니다(대법원 1991. 11. 8. 선고 91다25383 판결).

▣ 위 결의는 효력이 있을까요?

종원은 총회에서의 의결권을 서면이나 대리인을 통해서도 행사할 수 있는 것이므로, 위 결의는 60명의 종원이 출석하고, 그들 전원이 찬성하여 적법하게 성립하였습니다.

16

종중과 종원 사이의 관계사항을 의결하는 경우

> ### 종중이 종원에게 종중 소유의 토지를 매도하는 결의를 한 사례
>
> '갑' 종중의 규약 제5조는 다음과 같습니다.
>
> 제5조(총회의 의사 및 의결정족수) 총회의 결의는 전체 종원 과반수 이상으로 개의하고, 그 출석한 종원 과반수 이상의 동의로 성립한다.

■ 종중과 종원 사이의 관계사항을 의결하는 경우

종중총회에서 종중과 종원 사이의 어떤 관계사항을 의결하는 경우에는 특별한 사정이 없으면 민법 제74조에 따라 해당 종원에게 의결권이 인정되지 않습니다. 이때 '의결권이 인정되지 않는다'는 의미는 해당 종원이 총회에서 의결권을 행사할 수 없다는 것으로서 즉, 해당 종원이 의결정족수 산정의 기초가 되는 종원의 수에는 포함되지 않으나 의사정족수 산정의 기초가 되는 종원의 수에는 포함된다는 의미입니다(대법원 2009. 4. 9. 선고 2008다1521 판결). 한편, 의결권이 제한되는 종원의 범위에는 종중과 직접적인 이해관계를 가진 자만이 포함되고, 해당 종원과

직계존비속에 있는 등의 이유로 의결권이 제한되지는 않습니다 (대법원 2012. 8. 30. 선고 2012다38216 판결).

■ A와 A의 아버지인 B는 의결권을 행사할 수 있을까요?

'갑' 종중이 A에게 그 소유 토지를 매도하기로 하는 내용의 결의는 '갑'과 A 사이의 관계사항을 의결하는 경우에 해당합니다. 따라서 직접 이해관계를 갖는 A는 의결권을 행사할 수 없고, A의 아버지에 불과한 B는 의결권을 행사할 수 있습니다. 참고로, A는 의사정족수에는 포함되나 의결정족수에는 포함되지 않고, B는 의사정족수 및 의결정족수에 모두 포함됩니다

의사정족수와 의결정족수 더 알아보기

의사정족수는 합의제기관이 의사를 진행(개의)하는데 필요한 구성원의 출석수를 의미하고, 의결정족수는 합의제기관이 의결하는데 필요한 구성원의 출석수를 의미합니다. 예를 들어, 甲 종중의 규약 제5조에 있어 의사정족수는 '전체 종원의 과반수 이상 출석'이고, 의결정족수는 '출석 종원의 과반수 이상 동의'입니다.

17

전임 대표자의 직무대행범위

> 해임된 종중의 대표자가 총회를 소집하여 자신을 대표자로 다시 선출하려 한 사례
>
> '갑' 종중의 대표자인 A는 총회의 결의를 통해 '해임'되었습니다. 그런데 A는 아직 대표자가 재선출되지 않았다는 이유로 총회를 소집하여 자신을 총회의 대표자로 선출하기로 하는 내용의 안건을 상정하였습니다. 이러한 총회소집은 유효할까요?

■ 종중 대표자의 직무대행범위

종중의 대표자가 해임, 사임, 임기만료 등이 되었음에도 불구하고 그 후임자나 직무대행자가 선임되지 않았거나 선임되었다고 하더라도 그 선임 행위가 무효인 경우에는 전임 대표자가 후임자 등이 선임될 때까지 대표자로서의 직무를 대행할 수 있습니다. 다만, 전임 대표자의 직무대행은 전임 대표자가 업무를 수행하기에 부적당하다고 인정할 만한 특별한 사유가 없는 범위 내에서 허용됩니다(대법원 2001. 7. 27. 선고 2000다56037 판결).

■ 위 총회는 적법하게 소집된 것일까요?

전임 대표자는 후임자 등이 선임될 때까지 대표자의 직무를 대행할 수 있으나 그 직무대행의 범위는 종중의 업무가 급작스럽게 중단되는 것을 방지하기 위한 행위에 한정됩니다. 전임 대표자가 직무대행자가 아닌 새로운 대표자를 선출하기 위해 총회를 소집하는 행위는 특별한 사정이 없는 한 전임 대표자의 직무대행범위를 벗어난 행위입니다(대법원 2006. 10. 27. 선고 2006다 23695 판결). 따라서 A의 총회 소집행위는 적법하지 않습니다.

관련 사례 더 알아보기

▶ 전임 대표자는 후임자를 선출한 종중총회의 결의가 무효인 경우에 그 직무대행의 일환으로 그 결의에 대한 무효확인의 소를 제기할 수 있습니다.

종중과 같은 비법인 사단의 대표자인 회장의 임기가 만료되었음에도 불구하고 후임자의 선임이 없거나 또는 그 선임이 있었다고 하더라도 그 선임결의가 무효인 경우, 전임회장으로 하여금 업무를 수행케 함이 부적당하다고 인정할 만한 특별한 사정이 없는 한 전임회장은 후임자가 선임될 때까지 종전의 직무를 수행할 수 있다 할 것이고, 이러한 경우에는 전임회장은 그 임기만료 이후로도 직무수행의 일환으로서 별도의 회장을 선임한 총회 결의의 하자를 주장하여 그 무효확인을 구할 법률상의 이익이 있다(대법원 2001. 7. 27. 선고 2000다56037 판결).

종중의 회장이 부회장에게 사직서를 제출한 사례

'갑' 종중의 회장인 A는 규약에 따라 회장의 직무를 대행할 수 있는 부회장 B에게 사직서를 제출하였습니다. 그런데 이후 마음이 바뀌어 B에게 사직서 철회의 의사표시를 하였습니다. 이 경우 A는 '갑' 종중의 회장직을 여전히 유지하고 있는 것일까요?

■ 종중 대표자의 사임

법인 아닌 사단인 종중과 그 기관인 임원 간의 관계는 민법상 위임과 유사합니다. 따라서 수임자인 임원은 언제든지 그 직을 사임할 수 있고, 특별한 사정이 없는 한 사임의 효력은 그 의사표시가 대표자 또는 대표자가 사임하는 경우에는 그 직을 대행하게 될 자에게 도달한 때 즉시 발생합니다. 한편, 사임의 효력이 발생한 후에는 그 사임의 의사표시를 철회할 수 없습니다(대법원 1991. 5. 10. 선고 90다10247 판결).

■ A는 회장의 자격을 그대로 유지할 수 있을까요?

A는 규약에 따라 회장의 직을 대행할 수 있는 부회장 B에게 사직서를 제출하였으므로, 그 사직서가 B에게 도달한 때에 즉시 회장직을 상실하였습니다. A가 후에 사직서를 철회하겠다는 의사표시를 하였더라도 이미 발생한 사임의 효력에는 영향이 없습니다(대법원 2006. 10. 27. 선고 2006다23695 판결).

19

종중 대표자에 대한 해임

'갑' 종중의 규약이나 관례에는 대표자의 해임에 관한 특별한 규정이 없습니다. '갑' 종중이 총회에서 대표자 A를 해임하기로 의결하였다면, 이는 효력이 있을까요?

▦ 종중 대표자의 해임에 관한 의결

종중의 규약이나 관례에 대표자의 해임에 관한 사항이 특별히 규정되어 있지 않은 경우에 임기가 만료되지 않은 대표자를 해임하는 것은 실질적으로 종중의 규약을 개정하는 것과 같으므로 종중의 규약을 개정하는 때와 동일하게 총회에서 결의할 수 있습니다(대법원 1998. 10. 23. 선고 97다4425 판결).

▦ 위 결의는 효력이 있을까요?

'갑' 종중의 규약이나 관례에 대표자의 해임에 관한 규정이 없으므로 '갑' 종중은 총회에서 대표자를 해임하는 내용의 결의를 할 수 있습니다. 따라서 A는 총회 결의를 통해 적법하게 해임되었습니다.

20

종손의 권한을 넓게 인정한 종중규약의 효력

종중규약에서 종손의 권한을 넓게 인정한 사례

'갑' 종중의 규약 제5조와 제6조는 다음과 같습니다.

제5조(회장의 선출)

① 회장은 종중을 대표하고 종무를 통할한다.

② 회장은 종손이 추천하는 종친 중에서 종무위원회
가 선출한다.

제6조(종무위원회)

① 종무위원회는 종무위원으로 구성한다.

② 종무위원회는 종손이 원로 종친의 의견을 들어
선출하고, 차기 종중총회로부터 추인을 받아야
한다.

'갑'의 종원인 A는 종손에게 회장의 추천권 및 종무위원
의 선출권을 부여한 위 규약의 내용이 종원의 고유한 권리
를 침해한다는 이유로 효력이 없다고 주장하고 있습니다.
이러한 주장은 타당한 것일까요?

종중규약의 효력

종중이 공동선조의 분묘수호와 제사, 후손 상호간의 친목도 모를 위해 자연발생적으로 성립된 종족 단체인 점에 비추어, 종중에 대하여는 가급적 독자성과 자율성을 인정하는 것이 바람직합니다. 따라서 종중규약의 경우 그 내용이 종원이 가지는 고유한 권리를 본질적으로 침해하는 등 종중의 성질이나 성립 목적에 현저히 위배되지 않는 한 효력이 인정됩니다.

A의 주장은 타당한 것일까요?

위 규약 제5조는 종손으로 하여금 종손의 회장을 추천할 수 있도록 하고 있으나 그 선출권한은 전적으로 종무위원회에 위임하고 있습니다. 또한 제6조는 종손으로 하여금 종무위원을 선출할 수 있도록 하고 있으나 선출 시에 원로 종친의 의견을 듣고, 최종적으로 종중총회로부터 추인을 받도록 하는 등 종손의 전횡을 방지하기 위한 장치들을 마련하여 두고 있습니다. 이와 더불어 관습상의 종중 내 종손의 지위와 종중규약의 해석원리 등까지 고려하여 보면 위 규약 제5조와 제6조는 종중의 성질이나 성립 목적에 현저히 위배되는 것으로 볼 수 없습니다. 따라서 A의 주장은 타당하지 않습니다(대법원 2008. 10. 9. 선고 2005다30566 판결 참조).

> 종중 대표자에게 그가 반환받은 종토의 3분의 2를 증여하기로 결의한 사례
>
> '갑' 종중은 총회에서 "대표자 A가 사비를 출연하고 소송 실무를 대행함으로써 종토 전부를 반환받았으므로 감사의 의미로 A에게 반환받은 종토의 3분의 2를 증여하기로 한다."는 내용의 결의를 하였습니다. 이는 효력이 있을까요?

■ 종중총회 결의의 효력

종중총회의 결의는 그 내용이 종중의 본질, 성립목적, 종중재산의 성격 및 중요성 등에 비추어 현저하게 불공정하거나 선량한 풍속 및 기타 사회질서에 반하여 사회적 타당성이 없다고 인정되는 경우에는 효력이 없습니다.

■ 위 결의는 효력이 있을까요?

대표자인 A가 '갑' 종중의 재산을 회복하는 데에 상당 부분 기여하였다고 하더라도, 이는 A가 대표자로서 당연히 해야할 업

무를 수행한 것에 불과합니다. 따라서 '갑' 종중이 A에게 실비를 지급하거나 합리적인 범위 내에서 보수를 지급하는 것은 가능하나 반환받은 종토의 3분의 2를 증여하도록 하는 결의는 그 내용이 현저하게 불공정하여 효력이 없습니다(대법원 2017. 10. 26. 선고 2017다231249 판결).

종원의 자격을 박탈하는 결의의 효력

> ### 종원의 자격을 박탈하기로 결의한 사례
>
> '갑' 종중의 종원인 A는 얼마 전 B와 불륜관계인 것이 탄로났고, 이에 '갑' 종중이 종중의 명예를 실추시켰다는 이유로 A의 종원 자격을 박탈하는 내용의 총회결의를 하였습니다. 그렇다면 A는 더 이상 '갑'의 종원이 아닌 것일까요?

■ 총회 결의의 효력

종중은 공동선조의 분묘수호와 제사, 후손 상호간의 친목을 도모하기 위해 자연발생적으로 성립한 종족 단체로서, 이러한 종중의 성질에 비추어 종중에 대하여는 가급적 독자성과 자율성을 인정하는 것이 바람직합니다. 다만, 종중총회의 결의 내용이 종중의 본질과 성립 목적 등을 고려할 때 현저하게 불공정하거나 선량한 풍속 및 기타 사회질서에 반하여 사회적 타당성을 결여하였다고 인정되는 경우에 그 결의는 효력이 없습니다.

■ 종원의 자격을 박탈하는 결의의 효력

종원의 자격을 박탈하는 총회결의는 공동선조의 후손으로서 혈연관계에 의하여 성립하는 종족 단체인 종중의 성질에 크게 반하는 것이므로 효력이 없습니다(대법원 1983. 2. 8. 선고 80다1194 판결). 따라서 A는 여전히 '갑'의 종원 자격을 가집니다.

관련 사례 더 알아보기

▶ 종원의 자격은 종원명부에 등재되어 있는지 여부와는 무관하게 실질에 따라 인정됩니다.

　종중의 규약상 종원명부에 등록된 자만이 종원이 될 수 있다고 규정되어 있다 하더라도 이를 근거로 삼아 종원 명부에 미등재된 자의 종원 자격을 부정할 수는 없는 것이고, 따라서 종원 명부에 미등재된 종원들 일부가 종중총회에 참석하였다고 하여 곧바로 당해 총회결의절차에 무슨 위법이 있다고 단정할 수도 없다 할 것이다(대법원 1991. 11. 8. 선고 91다25383 판결).

▶ 종중 업무에 관여하였다는 사정으로 원래 종원이 아닌 자가 새로이 종원 자격을 취득할 수는 없습니다.

　출계자의 자손들이 종중의 종원들과 종중구성의 합의를 하였다거나 종산을 마련하고 사실상 종중일에 계속 관여하였다 하더라도 그러한 사정으로 인하여 원래 종원 아닌 그들이 새삼스레 종원자격을 취득하게 되는 것은 아니다(대법원 1983. 2. 22. 선고 81다584 판결).

23 총회의 결의를 거치지 않고 종중의 재산을 처분한 경우

> **종중 대표자가 총회의 결의를 거치지 않고 토지를 매도한 사례**
>
> '갑' 종중의 대표자인 A는 '갑'이 소유한 토지를 종중총회의 결의를 거치지 않고 B에게 매도하였습니다. 이 경우 B는 토지의 소유권을 유효하게 취득할 수 있을까요?

■ 총회의 결의를 거치지 않고 종중의 재산을 처분한 경우

종중의 재산은 종원의 총유에 속하고, 그 재산의 처분과 관리는 종중규약이나 관례에 달리 정함이 없는 한 민법 제275조와 제276조에 따라 총회의 결의를 거쳐 결정해야 합니다. 총회의 결의 없이 종중재산을 처분한 경우에는 특별한 사정이 없다면 그 처분은 무효가 됩니다(대법원 2000. 10. 27. 선고 2000다22881 판결).

■ B는 토지의 소유권을 취득할 수 있을까요?

'갑' 종중은 B에게 토지를 매도하기로 하는 내용의 결의를 한 사실이 없으므로 B는 토지의 소유권을 유효하게 취득할 수 없는 것이 원칙입니다.

종중 토지매각대금을 방계손에게는 직계손의 2분의 1만 주도록 결의한 사례

'갑' 종중은 총회에서 "종중 소유의 a 토지 매각대금은 토지조사부에 사정명의인으로 등재된 직계손과 방계손에게 분배한다. 단, 방계손에게는 지원금을 2분의 1로 감축하거나 지급 자체를 보류할 수 있다."는 내용의 결의를 하였습니다. 이는 효력이 있을까요?

■ 종중재산을 분배하는 경우

종중재산을 처분하는 경우에는 총회의 결의를 거쳐야 하므로 종중재산의 분배를 비롯하여 분배 비율, 방법, 내용 등에 관한 사항은 모두 총회의 결의를 거쳐 결정하여야 합니다. 이러한 결의는 종중의 본질이나 성립목적에 크게 위배되지 않아야 하고, 그 위배 여부는 종중재산의 조성경위, 종중재산의 유지와 관리에 대한 기여도, 종중에 대한 전체적인 기여도, 종중재산의 분배경위, 전체 종원의 수와 구성, 분배비율과 구성원 간의 차등 정도, 과거 재산분배에 관한 선례 등을 종합하여 판단해야 합니다(대법원 2010. 9. 9. 선고 2007다42310 판결).

▒ 위 결의는 효력이 있을까요?

종중이 공동선조의 성과 본을 같이 하는 성년인 후손들로 구성된 종족 단체인 점에 비추어 '갑' 종중의 위와 같은 결의는 합리적인 이유 없이 직계손과 방계손을 지나치게 차별하는 것으로서 종중의 본질이나 성립목적에 크게 위배되어 효력이 없습니다.

종중재산의 처분과 관리

> **다른 종중에게 종중 소유의 토지를 무상으로 사용하도록 결의한 사례**
>
> '갑' 종중의 규약 중 제7조와 제8조는 다음과 같습니다.
>
> 제7조(고정자산의 처분) 고정자산의 처분은 총회의
> 의결을 거친다.
> 제8조(고정자산의 관리) 고정자산의 관리는 이사회
> 의 의결을 거친다.
>
> '갑' 종중은 이사회에서 "'을' 종중이 '갑' 소유의 a 토지
> 위에 재실과 사당을 신축하고, a 토지를 무상으로 사용하
> 도록 승낙한다."는 내용의 결의를 하였는데, 이러한 '갑'의
> '을'에 대한 승낙행위는 효력이 있을까요?

■ 총유물의 처분과 관리의 의미

'총유물의 처분'은 총유물을 양도하거나 그 위에 물권을 설정
하는 행위를 말하고, '총유물의 관리'는 총유물의 사용권을 타
인에게 부여하거나 임대하는 행위를 말합니다.

■ '갑'의 '을'에 대한 승낙행위는 효력이 있을까요?

'갑'이 '을'에 대하여 그 소유 토지를 무상으로 사용하도록 승낙하는 행위는 타인에게 종중재산의 사용권을 부여하는 행위로서 '총유물의 관리'에 해당합니다. 따라서 '갑' 종중은 규약 제8조에 따라 이사회의 결의를 거쳐 종중재산의 관리에 관한 사항을 결정할 수 있으므로 '갑'의 위 승낙행위는 효력이 있습니다 (대법원 2012. 10. 25. 선고 2010다56586 판결 참조).

26 종중이 종토를 돌려받기 위해 소를 제기하는 경우

> **종중이 종토를 반환받기 위하여 총회의 결의를 거치지 않고 소를 제기한 사례**
>
> '갑' 종중은 과거 종원인 A에게 명의신탁하였던 토지를 반환받기 위해 A에 대하여 소유권이전등기청구의 소를 제기하였습니다. 그런데 이때 A에 대한 소를 제기하기로 하는 내용의 총회 결의가 없었다면, 이와 같은 소제기가 효력이 있을까요?

■ 종중의 보존행위

법인 아닌 사단인 종중의 재산은 종원의 총유에 해당하고, 총유물에 대한 보존행위는 특별한 사정이 없는 한 민법 제276조에 따라 총회의 결의를 거쳐야 합니다. 따라서 종중은 그 소유 재산을 보존하기 위한 행위로서 소제기를 하는 경우에 규약이나 관례에 달리 정함이 없는 한 총회를 거쳐야 합니다(대법원 1992. 2. 28. 선고 91다41507 판결). 이때 소를 제기하는 당사자는 종중의 대표자가 아닌 종중 또는 종원 전부의 명의로 하여야 합니다(대법원 2005. 9. 15. 선고 2004다44971 판결).

■ 위 소제기는 적법할까요?

'갑' 종중이 그 소유의 재산을 반환받기 위하여 소송을 제기하는 경우에 이는 종중재산을 보존하기 위한 행위에 해당하므로 총회의 결의 없이 제기한 A에 대한 소유권이전등기청구의 소는 적법하지 않습니다.

두 종중이 통합하면서 과거 종중의 재산을 통합 종중에 귀속하기로 규약에 정한 사례

갑씨 55세손 A를 중시조로 하는 'A파 대문중'과 갑씨 58세손 B를 중시조로 하는 'B파 소문중'이 성립하여 활동하던 중, 양 문중이 통합되면서 A와 B를 공동선조로 하는 '갑씨 C공 11세손 AB파 종회'가 결성되었습니다. 이때 통합된 종중규약에 A와 B가 소유한 재산을 통합 종중의 소유로 한다는 내용을 명시하였다면, 이는 효력이 있을까요?

■ 소종중의 재산이 통합종중에 귀속되는지 여부

공동선조의 사망과 동시에 그 후손에 의해 자연발생적으로 성립되는 종중은 다른 종중과 통합되었다고 하여 그 객관적 실체를 상실하지 않습니다. 따라서 통합된 종중규약에 통합 전 소종중의 재산을 통합 종중에 귀속되는 것으로 정하였다고 하더라도, 통합 전 소종중의 총회 결의를 거치는 등 적법한 재산 처분절차가 없었던 이상 소종중의 재산이 통합 종중의 재산으로 귀속되지 않습니다(대법원 2007. 6. 29. 선고 2005다69908 판결).

▨ A와 B가 소유한 재산은 통합된 종중에 귀속될까요?

A파 문중과 B파 문중이 각각 소유한 재산을 통합된 종중의 재산으로 귀속시킨다는 내용의 총회결의를 한 사실이 없다면, 위와 같이 통합 종중의 규약에 A와 B의 재산을 통합 종중 재산으로 귀속하기로 하는 내용을 통합 종중의 규약에 명시하더라도 A와 B의 재산이 통합 종중에 귀속되지 않습니다.

관련 사례 더 알아보기

▶ 소종중의 종원이 모두 사망하고 후사가 없는 경우에도 소종중의 재산이 상위 종중의 재산으로 귀속되지 않습니다.

A공 B를 공동선조로 하는 A공파 甲문중의 종원이 모두 사망하고 후사가 없다고 하여 그 재산이 B의 부 C공 D를 공동선조로 하는 상위 종중에 귀속된다고 할 수 없다(대법원 1999. 2. 23. 선고 98다56782 판결).

권한 없는 자가 종중재산을 처분한 경우

> **대표자가 아닌 종원 A가 종중 소유의 토지를 매도한 사례**
>
> '갑' 종중의 종원 A는 자신이 '갑'의 회장이라고 하면서 B에게 '갑' 소유 토지를 매도하기로 하였습니다. B는 평소에 친분이 있었던 A의 말을 적극 신뢰하여 종중총회의 결의서 등을 확인하지 않은 채 서둘러 매매계약을 체결하였습니다. 뒤늦게 이 사실을 알게 된 '갑' 종중이 B에게 토지의 반환을 요구하였다면, B는 '갑' 종중에게 토지를 돌려줘야 할까요?

■ **대리행위**

대리권이 없는 자가 행한 법률행위는 무효가 됩니다. 다만, 대리권이 없음에도 불구하고 마치 대리권이 있는 것과 같은 외관이 존재하고, 본인이 그러한 외관을 형성하는 데에 관여하거나 본인이 책임져야 할 사정이 있는 경우에는 대리권이 없는 자가 한 법률행위의 경우에도 본인에게 책임을 지울 수 있습니다. 이를 '표현대리'라고 하는데, 표현대리가 성립하려면 외견상 대리인으로 표시한 자에게 어떤 권한이 있는 것과 같은 표시나 행동이 존재하고, 이를 거래 상대방이 믿은 데에 '정당한 사유'가 있어야 합니다.

▒ B는 '갑' 종중에게 토지를 반환하여야 할까요?

종중이 소유한 토지 등을 개인으로부터 매수할 때는 그가 진정한 종중의 대표자인지, 혹은 그 토지 등을 처분할 정당한 권한이 있는지 등을 확인하는 것이 일반적입니다. 그런데 B는 A가 '갑' 종중의 회장인지 여부 등을 전혀 확인하지 않은 채 서둘러 매매계약을 체결하였으므로 B가 A가 토지를 처분할 권한이 있다고 믿은 데에 정당한 사유가 존재한다고 볼 수 없습니다. 따라서 이 경우에는 표현대리가 성립하지 않아 B는 '갑' 종중에게 토지를 돌려주어야 합니다(대법원 1980. 2. 26. 선고 79다1160 판결).

▒ 무권대리행위에 대한 추인

'갑' 종중이 A에 대하여 토지에 관한 매매계약의 체결을 추인할 경우 그 처분행위는 계약을 체결하던 당시로 소급하여 유효해지므로 이때에는 B가 토지의 소유권을 취득할 수 있습니다(대법원 1991. 5. 24. 선고 90도2190 판결 참조). 다만, '갑' 종중의 추인행위 역시 종중재산을 처분하는 행위와 동일하게 종중총회의 결의를 거쳐 결정하여야 합니다(대법원 1989. 2. 14. 선고 88다카3113 판결 참조).

관련 사례 더 알아보기

▶ 종중규약과 관계 서류를 주의 깊게 보았더라면 종중총회 회의록에 종중재산을 처분하기로 한 내용의 결의가 없었다는 점, 최고위원회의 인준서와 이사회 결의서가 누락된 점을 알 수 있었을 경우, 표현대리가 성립하지 않습니다.

종중대표자 개인이 임의로 처분할 수 없고 거액의 재산에 해당하는 종중 총유재산인 이 사건 토지를 매수하는 위 대리인들로서는 그 기대되는 약간의 주의를 기울여 규약과 처분관계 서류를 대조, 조사했더라면 총회 회의록에는 이 사건 토지처분에 관한 결의가 없고 또 최고위원회 인준서, 이사회 결의서가 누락되어 있음을 발견하였을 것이다. 따라서 서류자체로서도 원고 종회 소유재산처분에 관한 소정의 절차가 없음을 쉽게 알 수 있었다 할 것이므로 피고 서×석으로서는 위 안갑수가 이 사건 토지를 처분함에 있어서 소정의 절차를 적법하게 거쳐 처분한다고 믿는 데에 아무런 과실이 없었다고 볼 수 없다하여 피고들의 표현대리의 항변을 배척하였다(대법원 1985. 7. 23. 선고 83다419 판결).

대리 행위 더 알아보기

▶ 대리인이 본인으로부터 권한을 수여받아 그 권한의 범위 내에서 본인을 위한 행위임을 밝히고 한 법률행위는 그 효과가 본인에게 귀속됩니다(민법 제114조).

▶ 대리인이 본인으로부터 권한을 위임받지 못한 채 본인의 권한을 행사한 경우에는 그 효과가 본인에게 귀속되지 않음이 원칙입니다(민법 제130조). 다만, 표현대리가 성립하는 경우에는 그 효과가 본인에게 귀속됩니다.

▶ 표현대리가 성립하는 경우

• 민법 제125조의 표현대리
  본인이 거래 상대방에게 '대리인으로 표시된 자'에게 대리권을 수여한 것으로 의사표시를 하였으나 실제 대리권을 수여하지 않고, 거래 상대방도 대리권이 없음을 알지 못하였거나 알 수 없었던 경우에는 민법 제125조에 따른 표현대리가 성립하여, '대리인으로 표시된 자'가 한 행위의 효과가 본인에게 귀속됩니다.

- 민법 제126조의 표현대리

  대리인이 본인으로부터 수여받은 권한의 범위를 넘어 법률행위를 하고, 거래 상대방이 대리인에게 그러한 대리권이 있다고 믿은 데에 정당한 이유가 있는 경우에는 민법 제126조에 따른 표현대리가 성립하여, 대리인이 한 행위의 효과가 본인에게 귀속됩니다.

- 민법 제129조의 표현대리

  대리인이 본인으로부터 대리권을 수여받았으나 어떤 법률행위를 하던 당시에는 그 대리권이 소멸하고, 거래 상대방이 대리권 소멸 사실을 알지 못하였거나 알 수 없었던 경우에는 민법 제129조에 따른 표현대리가 성립하여, 대리인이 한 행위의 효과가 본인에게 귀속됩니다.

29 종원에게 종토를 명의신탁 한 경우

> ### 종중이 종원의 명의로 된 토지를 반환받으려 한 사례
>
> A 토지에는 '갑' 종중의 공동선조인 a를 비롯하여 그 후손의 분묘가 100여기 이상 설치되어 있고, '갑' 종중의 신도비와 제각이 위치하고 있습니다.
>
> 또한 A 토지는 1915년에 '갑' 종중의 종손인 B에게 사정되었고, 1980년 이후부터 '갑' 종중이 A 토지의 재산세, 도시계획세 등을 납부하여 왔습니다. '갑' 종중은 1990. 2. 1. A 토지를 종원인 C와 D에게 명의신탁하였는데, 이제 A 토지에 관한 명의신탁을 해지하고 C와 D로부터 A 토지의 소유권을 이전받고 싶습니다. '갑' 종중은 A 토지의 소유권을 이전받을 수 있을까요?

■ 종중이 종원에게 종토를 명의신탁 한 경우

종중이 종원에게 그 소유의 토지를 명의신탁하였는지 여부가 문제되는 경우에는 우선적으로 해당 토지에 관하여 등기명의인 앞으로 등기가 경료되었을 당시에 유기적인 조직을 가진 종중이 실재하였는지 여부부터 증명되어야 합니다. 그리고 종중이

해당 토지를 소유하게 된 과정 등이 직접 또는 간접적으로 증명되어야 합니다.

이때 어떤 토지가 종중의 소유인지의 여부는 등기명의인과 종중의 관계, 등기명의인이 여럿인 경우에는 그들 상호간의 관계, 등기명의인 앞으로 등기가 경료된 경위, 종중 분묘의 설치 상태, 분묘수호와 봉제사의 실태, 해당 토지의 규모와 관리 상태, 해당 토지에 대한 수익의 수령과 지출 관계, 제세공과금의 납부 관계, 등기필증의 소지 관계 등의 여러 사정에 따라 판단합니다.

■ '갑' 종중은 토지의 소유권을 인정받을 수 있을까요?

A 토지의 등기 명의가 C와 D로 되어 있기는 하나, A 토지에 '갑'의 공동선조인 a를 비롯하여 그 후손들의 분묘가 100여기 이상 설치되어 있고, 1915년에 '갑'의 종손인 B에게 사정된 적이 있으며, '갑'이 1980년 이후부터 A 토지의 재산세 등을 납부하여 온 점에 비추어 A 토지는 '갑' 종중의 소유임이 충분히 증명되었다고 볼 수 있습니다. 따라서 '갑' 종중은 C와 D에 대하여 소유권이전등기청구의 소를 제기하여 A 토지의 소유권을 이전받을 수 있습니다(대법원 2000. 7. 6. 선고 99다11397 판결).

관련 사례 더 알아보기

▶ 종중이 어떤 토지에 관하여 명의신탁자의 지위에 있음이 인정 되었다고 하더라도 명의수탁자로부터 그 토지에 관하여 소유 권이전등기를 경료 받지 못하면 그 토지의 소유권을 취득하였 다고 볼 수 없습니다.

일제시의 임야조사령이나 토지조사령에 의하여 사정을 받은 사람은 소유권을 원시적, 창설적으로 취득하는 것이고, 종중 이 그 소유였던 임야나 토지를 종중원에게 명의를 신탁하여 사 정 받았더라도, 위 사정명의인이 그 소유권을 취득하고 명의신 탁자인 종중은 명의신탁계약에 의한 신탁자의 지위에서 명의 신탁을 해지하고 그 소유권이전등기를 청구할 수 있음에 그치 므로 이에 따라 소유권이전 등기를 경료받지 아니하였다면 그 소유권을 취득하였다고 할 수 없다(대법원 1991. 1. 25. 선고 90다 10858 판결).

종중 명의신탁 더 알아보기

▶ 부동산 명의신탁이란 대내적으로는 신탁자가 해당 부동산의 소유권을 보유하며 해당 부동산을 관리, 수익하기로 하면서, 대외적으로는 해당 부동산의 등기 명의인을 수탁자로 하는 것을 말합니다.

▶ 종중이 종원에게 그 소유 부동산을 명의신탁 하는 경우, 해당 부동산의 소유권과 관리, 사용권은 대내적으로는(종중 vs 종원) 신탁자인 '종중'에게 있고, 대외적으로는(종중 또는 종원 vs 제3자) 수탁자인 '종원'에게 있습니다. 이때 제3자가 수탁자인 종원으로부터 명의신탁 된 부동산을 매수하면, 제3자는 해당 부동산의 소유권을 유효하게 취득하는 것이 원칙입니다.

▶ 부동산 실권리자명의 등기에 관한 법률 중 일부는 종중 명의신탁에 적용되지 않습니다.

제8조(종중, 배우자 및 종교단체에 대한 특례) 다음 각 호의 어느 하나에 해당하는 경우로서 조세 포탈, 강제집행의 면탈免脫 또는 법령상 제한의 회피를 목적으로 하지 아니하는 경우에는 제4조 부터 제7

조까지 및 제12조제1항부터 제3항까지를 적용하지 아니한다.

1. 종중宗中이 보유한 부동산에 관한 물권을 종중(종중과 그 대표자를 같이 표시하여 등기한 경우를 포함한다) 외의 자의 명의로 등기한 경우

2. 배우자 명의로 부동산에 관한 물권을 등기한 경우

3. 종교단체의 명의로 그 산하 조직이 보유한 부동산에 관한 물권을 등기한 경우

> ### 종원이 명의신탁 받은 토지에 관하여 점유취득시효를 주장한 사례
>
> '갑' 종중은 1945. 5. 1. 종원인 A와 B에게 a 토지를 명의신탁하였고, A가 사망하자 그 상속인인 '갑' 종중의 종손 C는 a 토지에 관해 위토허가신청을 하였습니다. a 토지는 B가 점유하고 있었는데, '갑' 종중이 B에게 명의신탁에 기하여 토지의 소유권이전을 구하자, B는 자신이 20년간 a 토지를 점유하였으므로 a 토지를 시효취득하였다고 주장하며 돌려주지 않고 있습니다. 이 경우 '갑'은 B로부터 a 토지를 돌려받지 못할까요?

■ 점유취득시효

'점유취득시효'란 20년 동안 소유의 의사로 평온, 공연하게 어떤 부동산을 점유해 온 자가 그 부동산을 취득할 수 있도록 한 제도입니다. 이때 '소유의 의사가 있었는지 여부'는 점유자의 주관적 의사가 아닌 점유를 취득하게 된 권원의 성질 등의 제반사정에 의해 외형적, 객관적으로 판단합니다. 소유의 의사는 일단 존재하는 것으로 추정하되, 그 추정은 점유자가 타인의

소유권을 배척하는 등 해당 부동산을 점유할 의사를 갖고 있지 않았던 것으로 볼 만한 사정이 증명되는 경우에 한해 깨어집니다(대법원 2011. 7. 28. 선고 2001다15094 판결). 한편, '평온'이란 점유자가 해당 점유를 취득하거나 보유하는 데에 강포행위를 쓰지 않는 것을 말하고, '공연'이란 몰래 점유하는 것이 아닌 것을 말합니다(대법원 1992. 4. 24. 선고 92다6983 판결).

■ '갑'은 B로부터 토지를 돌려받을 수 있을까요?

B가 '갑'으로부터 명의신탁을 받아 토지를 점유하였고, 공동명의자인 A의 자손 C가 토지에 관해 위토인허신청까지 한 점에 비추어, B는 자신이 아닌 '갑' 종중을 위해 a 토지를 점유한 것으로 볼 수 있습니다. 즉, B는 자신이 소유할 의사로 a 토지를 점유하고 있지 않았으므로, '갑' 종중에게 a 토지의 소유권을 이전해 주어야 합니다(대법원 1992. 9. 8. 선고 92다18184 판결).

등기부 취득시효 더 알아보기

▶ 어떤 부동산에 소유자로 등기한 자가 10년간 소유의 의사로
평온, 공연하게 선의, 무과실로 그 부동산을 점유한 경우에는
그 부동산의 소유권을 취득할 수 있도록 한 제도입니다.

　부동산에 대한 등기부시효취득의 요건인 무과실에 관한 입
증책임은 그 시효취득을 주장하는 사람에게 있다. (생략) 부동
산을 매수하는 사람으로서는, 특별한 사정이 없는 한, 매도인
에게 그 부동산을 처분할 권한이 있는지 여부를 조사하여야 할
것이고, 그 조사를 하였더라면 매도인에게 처분권이 없음을 알
수 있었을 것임에도 그와 같은 조사를 하지 아니하고 매수하였
다면, 부동산의 점유에 대하여 과실 없다고 할 수 없다. (생략)
종중명의로 등기되어 부동산을 종원 중 1인으로부터 매수한
경우 매도인이 제시한 허위의 종중정관 및 매도결의서를 진정
한 것으로 믿었다 하더라도 그 정관이 매도인 및 그의 아들들
명의로만 되어 있다면 부동산의 점유에 대하여 무과실이라고
할 수 없다(대법원 1991. 2. 12. 선고 90다13178 판결).

> **종중이 점유취득시효가 중단되기 전에 소를 제기하고 이후 총회에서 추인한 사례**
>
> A는 '갑' 종중이 소유한 a 토지를 1945. 5. 1.부터 점유하여 왔습니다. '갑'의 종손 B는 1965. 4. 5. A에게 a 토지에 관한 소유권이전등기청구 소송을 제기한 후 1965. 7. 10. 총회를 열어 B를 대표자로 선출하고, A에 대한 소제기를 추인하는 내용의 결의를 하였습니다. A가 1965. 5. 1.자로 a 토지를 시효취득하였다고 주장하자, '갑' 종중은 1965. 4. 5. A에 대해 소제기를 하였으므로 취득시효가 중단되어 a 토지의 소유권은 여전히 '갑'에게 있다고 주장하고 있습니다. 이 경우에 과연 a 토지는 누구의 소유일까요?

■ 점유취득시효의 중단

점유취득시효는 원래의 점유상태가 계속되는 것을 파괴한다고 인정할 만한 사유가 있는 경우에 중단되고, 소유자가 점유자에 대하여 소유권이전등기청구 소송을 제기하는 경우에는 특별한 사정이 없는 한 점유취득시효는 중단됩니다.

▪ a 토지는 누구의 소유일까요?

총회결의 없이 소를 제기하고 후에 총회를 열어 소제기를 추인한 경우에 그 소제기는 제기한 때로 소급하여 유효하게 되고, 점유취득시효의 중단 역시 그 소제기를 한 때에 발생합니다. 따라서 A가 주장하는 점유취득시효는 B가 소를 제기한 1965. 4. 5.에 중단되었으므로 a 토지는 여전히 '갑' 종중의 소유가 됩니다(대법원 1992. 9. 8. 선고 92다18184 판결).

> **종중이 점유취득시효 완성 후에 명의신탁 된 토지에 관하여 소유권보존등기를 한 사례**
>
> '갑' 종중은 1921. 9. 25. 종원 A에게 a 토지를 명의신탁하고 A 명의로 사정받은 후에 미등기로 두었다가, 1980. 8. 27. '갑'의 명의로 소유권보존등기를 마쳤습니다. 한편, B는 1959. 1. 5. A로부터 a 토지를 매수하여 점유하다가 1975. 3. 8. 사망하였고, B의 상속인인 C가 a 토지를 계속 점유하여 왔습니다. 이에 C는 20년간 a 토지를 점유하였음을 이유로 1995. 3. 8.자로 a 토지를 시효취득하였으므로 a 토지의 소유권은 자신에게 있다고 주장하고 있는데, a 토지는 누구의 소유일까요?

■ 명의신탁 된 부동산의 점유취득시효

명의신탁 된 부동산의 점유취득시효가 완성된 후에 시효취득 자가 소유권이전등기를 경료하기 전, 명의신탁이 해지되어 등기명의가 수탁자에서 신탁자로 이전된 경우에는 등기명의자만을 소유권자로 취급하는 명의신탁의 취지에 따라 신탁자가 '취득시효 완성 후에 소유권을 취득한 자'가 됩니다. 따라서 시효취득자는 '취득시효 완성 후에 소유권을 취득한 자'에게 시효취득을 주장할 수 없으므로, 신탁자에 대하여 시효취득을 주장할 수 없습니다(대법원 2001. 10. 26. 선고 2000다8861 판결).

■ a 토지는 누구의 소유일까요?

　B의 상속인인 C는 B의 점유와 별개로 자신만의 점유를 주장할 수 없을 뿐만 아니라 취득시효의 기산일을 임의로 선택할 수도 없으므로, a 토지에 관한 점유취득시효의 기산점은 B가 점유를 시작한 1959. 1. 5.이 됩니다. 그렇다면 a 토지에 관한 점유취득시효는 1979. 1. 5.에 완성되는데, '갑' 종중이 그 완성 후인 1980. 8. 27. a 토지에 관해 소유권보존등기를 하였으므로, '갑' 종중이 '취득시효 완성 후에 소유권을 취득한 자'에 해당합니다. 따라서 C는 '갑'에게 점유취득시효의 완성을 주장할 수 없어, a 토지는 여전히 '갑' 종중의 소유가 됩니다.

종원이 개인적으로 점유·이용하여 온 토지에 관하여 종중이 점유취득시효를 주장한 사례

A는 '갑'의 종원입니다. A는 B의 승낙을 받아 B 소유의 a 토지에 주택을 신축하여 임료를 지급하며 20년간 거주하여 왔습니다. 甲 종중은 종원인 A가 20년간 a 토지를 점유하여 왔으므로 '갑' 종중이 a 토지를 시효취득하였다고 주장하고 있습니다. a 토지는 '갑' 종중의 소유일까요?

■ 간접점유

비법인 사단인 종중이 어떤 부동산에 관하여 임대차를 이유로 간접점유 하였다고 하려면, 그 임대차 관계를 성립시킨 자가 종중의 대표기관이거나 집행기관 또는 대리인에 해당해야 합니다. 종원이 단지 종중과 무관하게 사인의 자격에서 어떤 부동산을 임대한 경우라면 그 간접점유의 귀속주체는 개인인 종원일 뿐이고 종중이 그 종원을 통하여 해당 부동산을 간접점유한 것으로 볼 수는 없습니다(대법원 1999. 2. 23. 선고 98다50593 판결 참조).

■ a 토지는 '갑' 종중의 소유일까요?

　A는 a 임야를 '갑' 종중과 무관하게 개인적인 용도로 사용하기 위해 임대하였던 점에 비추어 '갑'의 종원인 A가 a 토지를 점유했다고 하여 이를 두고 '갑' 종중이 a 토지를 점유했다고 볼 수 없습니다. 따라서 '갑' 종중은 a 토지를 점유한 사실이 없으므로 a 토지에 관해 시효취득을 주장할 수 없습니다.

종중이 조상의 분묘가 설치되어 있다는 이유로 토지의 소유권을 주장한 사례

　a 토지는 '갑' 종중의 분묘가 설치되어 있는데 '갑'의 종원인 A의 진술 외에는 a 토지를 '갑'의 소유로 볼 만한 구체적인 증거가 없는 상태입니다. a 토지는 '갑' 종중의 소유로 인정될까요?

■ 위토의 소유권

　어떤 토지가 특정묘의 위토(분묘수호를 위해 필요한 토지)로 되는 경위는 '특정묘와 관계가 있는 종중이 그 소유권을 취득하여 위토로 설정하는 경우'와 '후손 중에 한 사람이 개인이 소유한 토지를 특정묘의 위토로 설정하는 경우'가 있을 수 있습니다. 따라서 어떤 토지가 특정묘의 위토라는 사실만으로는 그 특정묘를 보유한 종중을 해당 토지의 소유자로 볼 수 없습니다(대법원 1984. 3. 13. 선고 83도1726 판결).

■ a 토지는 '갑'의 소유일까요?

a 토지에 '갑'의 공동선조의 묘가 설치되어 있다는 점 외에 a 토지가 '갑'의 소유라는 사실을 증명할 만한 구체적인 자료가 없으므로 a 토지를 '갑'의 소유라고 볼 수 없습니다(대법원 1985. 11. 26. 선고 85다카847 판결 참조).

35 농지개혁법에 따라 분배한 위토의 소유권

> ### 농지개혁법에 따라 위토를 분배받은 사례
>
> '갑' 종중이 소유한 a 토지 중에 b 부분은 공동선조인 A 내외의 합장묘를 비롯하여 약 30기의 분묘를 수호하기 위한 농지입니다. '갑' 종중은 농지에서 나온 수입으로 분묘를 관리하고 시제비를 충당하여 오다가, 농지개혁법에 따라 국가에 제공하였고 B는 1962. 12. 30. 농지개혁법에 따라 국가로부터 a 토지를 분배받았습니다. B는 위토임에도 불구하고 a 토지의 소유권을 취득할 수 있을까요?

■ 농지개혁법상 위토의 의미

농지개혁법 제6조의 '위토'란 분묘수호를 위해 필요한 토지를 말하고, 경작자로부터 소작료를 징수하는 경우에도 그 토지가 분묘의 관리나 제수용으로 이용되는 때에는 위토에 해당합니다. 한편, 위토인 농지는 위토인정절차를 거치지 않더라도 정부의 매수나 분배로부터 당연히 제외되는 것으로서 이러한 위토에 관해 분배가 이루어진 경우에도 그 분배는 무효가 됩니다(대법원 1990. 12. 11. 선고 90다6682 판결).

■ B는 a 토지의 소유권을 취득할 수 있을까요?

a 토지 중에 b 부분은 위토이므로 B는 b 부분에 관해서는 소유권을 취득할 수 없습니다.

36

위토가 점유취득시효의 대상이 되는지 여부

위토에 관해 점유취득시효를 주장한 사례

A는 '갑' 종중의 위토인 a 토지를 20년간 소유의 의사로 평온·공연하게 점유하여 왔습니다. A는 a 토지에 관하여 시효취득을 주장할 수 있을까요?

■ 위토가 점유취득시효의 대상이 되는지 여부

'위토'는 분묘를 수호하기 위해 소작료를 징수하지 않는 농지를 의미합니다. 정부는 경작하지 않는 농지인 위토를 농지개혁법에 따라 매수하지 않기로 한 것일 뿐이므로 위토라고 하여 점유취득시효의 대상이 될 수 없는 것은 아닙니다(대법원 1997. 12. 23. 선고 97다32918 판결 참조).

■ A는 a 토지를 시효취득할 수 있을까요?

위토도 점유취득시효의 대상이 될 수 있으므로 A가 20년간 a

토지를 소유의 의사로 평온·공연하게 점유하여 왔다면, A는 a
토지를 취득할 수 있습니다.

37

농지개혁법 시행 전에 성립된 명의신탁관계의 효력

> **농지개혁법에 따라 정부가 매수하였다가 반환한 토지가 과거 명의신탁 되었던 사례**
>
> '갑' 종중의 소유인 a 토지는 농지개혁법이 시행되기 전에 종원인 A에게 등기부상 명의신탁을 하였습니다. 농지개혁법이 시행됨에 따라 a 토지는 1968. 3. 13. 정부에 매수되었다가 이후 분배 대상 농지에서 제외되어 '갑' 종중에게 환원되었습니다. '갑' 종중은 A에 대하여 명의신탁관계를 주장할 수 있을까요?

■ 농지개혁법 시행 전에 성립된 명의신탁관계의 효력

위토에 관한 소유권은 일반적인 소유권과 차이가 없으므로 농지개혁법이 시행되기 전에 명의신탁이 이루어진 위토의 경우에 농지개혁법이 시행된 후에도 그 신탁관계는 여전히 유지되는 것이 원칙입니다(대법원 1992. 12. 24. 선고 92다8279 판결 참조).

■ '갑' 종중은 A에 대하여 명의신탁관계를 주장할 수 있을까요?

'갑' 종중과 A 사이의 명의신탁관계는 농지개혁법이 시행된 이후에도 여전히 유지되므로, '갑' 종중은 A에 대하여 명의신탁관계를 주장할 수 있습니다.

> **청구권이 실제 발생한 시점과 청구권자가 그 발생을 안 시점이 다른 사례**
>
> '갑' 종중은 1997. 6. 23. 총회결의 없이 A에게 a 토지를 매도하기로 하고, 같은 날 A로부터 계약금 1,000만원을 수령하였습니다. A는 총회결의가 없었다는 사실을 1998. 1. 31.에서야 알게 되었는데, 결의가 없더라도 계약은 여전히 유효한 것으로 오인하여 매매계약을 해제하지는 않았습니다. 그러나 '갑' 종중은 계속하여 a 토지를 인도하지 않았고, 기다리다 지친 A는 2007. 8. 5. '갑'에게 계약금 1,000만원이라도 돌려달라고 요구하였습니다. '갑' 종중은 10년이 지나면 채권이 소멸되는 민법상 소멸시효를 근거로 A의 요구를 거절하고 있는데, A는 1,000만원을 포기해야 할까요?

■ 소멸시효

'소멸시효'란 일정 기간 행사하지 않으면 권리를 소멸시키는 제도를 말하며, 채권은 10년, 채권 및 소유권 이외의 재산은 20년간 행사하지 않으면 소멸시효가 완성됩니다(민법 제162조). 또한 소멸시효는 '청구권이 성립한 때'부터 진행하고, 청구권자가 권리의 존재나 발생을 알지 못하였다고 하더라도 그 진행에는 영향이 없는 것이 원칙입니다. 다만, 종중총회의 결의가 존재하지 않음으로써 발생하는 제3자의 부당이득반환청구권 등과 같이 청구권자가 권리 발생 여부를 객관적으로 알 수 없는 경우에는 예외적으로 '청구권자가 청구권이 발생한 사실을 객관적으로 안 때'로부터 소멸시효가 진행합니다(대법원 2011. 5. 26. 선고 2010다78470 판결).

■ A는 '갑'으로부터 1,000만원을 돌려받을 수 있을까요?

A가 부당이득채권이 발생한 것을 안 시점 즉, 총회결의가 없었다는 사실을 안 시점은 1998. 1. 31.이고, 그로부터 10년이 도과하지 않은 2007. 8. 5. A가 '갑'에게 1,000만원을 반환하라고 요구하였으므로, A의 '갑'에 대한 부당이득채권은 소멸시효가 완성되지 않았습니다. 따라서 A는 '갑'으로부터 1,000만원을 돌려받을 수 있습니다.

39

분묘기지권의 시효취득

다른 사람의 토지에 승낙 없이 분묘를 설치한 사례

'갑' 종중은 a 토지에 1733년과 1980년 두 차례에 걸쳐 총 3기의 분묘를 설치하고, 20년이 넘도록 분묘를 수호, 관리해 왔습니다. 그런데 a 토지는 A의 소유이고, A는 2018년 현재 '갑'에게 분묘를 철거하고 토지를 반환하라고 요구하고 있습니다. '갑'은 A의 요구에 응해야 할까요?

■ 분묘기지권

'분묘기지권'이란 분묘를 수호하고 제사를 지내기 위해 필요한 범위 내에서 타인이 소유한 토지를 사용하고, 토지의 소유자나 제3자로부터 방해받는 것을 배제할 수 있는 관습상의 물권을 말합니다. 분묘기지권은 봉분 등이 있어 외부에서 분묘의 존재를 확인할 수 있는 경우에 한해 인정되며 등기할 필요가 없습니다.

■ 분묘기지권의 시효취득

타인이 소유한 토지에 소유자의 승낙 없이 분묘를 설치한 경우에도 분묘설치자는 20년간 평온, 공연하게 분묘기지를 점유하여 왔다면, 지상권과 유사한 관습상의 물권인 분묘기지권을 시효로 취득하게 됩니다(대법원 2017. 1. 19. 선고 2013다17292 전원합의체 판결).

■ '갑'은 a 토지를 반환하여야 할까요?

'갑'은 20년이 넘도록 a 토지를 평온, 공연하게 점유하여 왔으므로 토지의 소유자인 A의 승낙 없이 분묘를 설치하였다고 하더라도, A 토지 중 분묘가 설치된 부분에 관해 분묘기지권을 시효로 취득하였습니다. 따라서 '갑'은 분묘를 철거하거나 a 토지를 반환할 필요가 없습니다.

■ 2001. 1. 13. 장사 등에 관한 법률 개정 및 시행

2001. 1. 13.장사 등에 관한 법률이 개정, 시행되면서 분묘의 설치기간이 30년으로 제한되고, 토지 소유자가 승낙 없이 설치된 분묘에 대해 개장할 수 있는 권한을 가지는 내용의 규정

등이 신설되었습니다. 다만, 부칙에 따르면 2001. 1. 13. 이전에 설치된 분묘에 관해서는 개정된 규정이 적용되지 않으므로, 2001. 1. 13. 이전에 설치된 분묘의 경우에 설치된지 30년이 넘었더라도 그 분묘설치자는 여전히 분묘가 설치된 토지에 관해 분묘기지권을 인정받을 수 있습니다.

2001. 1. 13. 개정 및 시행된 장사 등에 관한 법률 주요 내용 더 알아보기

▶ 장사 등에 관한 법률은 장사의 방법과 장사시설의 설치·조성 및 관리 등에 관한 사항을 정하여 보건위생상의 위해를 방지하고, 국토의 효율적 이용과 공공복리의 증진에 이바지하기 위하여 1961년 제정되었으나, 2001. 1. 13. 전면 개정 및 시행되었습니다.

▶ 개정 및 시행된 장사 등에 관한 법률의 주요 내용

- 매장을 한 자는 매장 후 30일 이내에, 개장을 하려는 자는 개장을 하기 전 미리 관할 시장 등에게 신고하여야 합니다

  (장사 등에 관한 법률 제8조, 위반 시 과태료 부과 사항).

- 분묘의 설치기간은 30년으로 제한됩니다. 다만, 설치기간 종료 시에 연고자가 연장을 신청하면 1회에 한하여 30년간 분묘 설치기간을 연장할 수 있습니다(장사 등에 관한 법률 제19조, 20조, 위반 시 형사처벌, 과태료, 이행강제금 부과 사항).

- 토지 소유자, 묘지 설치자 또는 연고자가 그 승낙 없이 설치한 분묘에 대하여는 관할 시장 등의 허가를 받아 개장할 수 있도록 하고 있습니다(장사 등에 관한 법률 제27조, 위반 시 형사처벌, 과태료 부과 사항)

종중 대표자의 불법행위에 대한 종중의 책임

> **종중 대표자가 권한 없이 매각한 종토의 매수인이 종중에 대금의 반환을 구한 사례**
>
> '갑' 종중의 대표자 A는 '갑'이 소유한 토지를 자신의 소유라고 속여 B에게 매도하고, B로부터 계약금과 중도금을 수령하였습니다. 그런데 B가 잔금을 지급하기 전, 토지가 '갑'의 소유임을 알고 A에게 항의하자, A는 자신이 '갑'의 대표자로서 토지를 처분할 권한이 있다면서 책임지고 토지의 소유권을 넘겨주겠다고 확약하고, 총회결의서 등을 위조하여 B에게 제공한 후에 B의 명의로 토지의 소유권이전등기를 완료하여 주었습니다. 이후 '갑' 종중이 B에게 소유권반환청구 소송을 하여 B가 소유권을 상실하였다면, B는 '갑'으로부터 계약금과 중도금, 잔금을 모두 반환받을 수 있을까요?

■ 종중 대표자의 불법행위에 대한 종중의 책임

법인 아닌 사단으로서의 종중은 그 대표자가 직무에 관해 타인에게 손해를 가한 경우에 민법 제35조제1항에 따라 그 손해를 배상할 책임이 있습니다. 설령 대표자의 행위가 대표자 개인의

사익을 도모하기 위한 것이거나 법규에 위반된 것이라고 하더라도, 그 행위가 외관상 객관적으로 대표자의 직무에 관한 행위로 인정할 수 있는 때에는 종중이 대표자의 불법행위로 인한 손해를 배상하여야 합니다(대법원 2003. 7.25. 선고 2002다27088 판결).

■ B는 '갑'으로부터 계약금과 중도금, 잔금을 돌려받을 수 있을까요?

'갑' 종중이 A의 B에 대한 불법행위에 관한 손해배상책임을 지기 위해서는 A의 행위가 '갑' 종중 대표자의 직무에 관한 것이어야 합니다. 그런데 B가 계약금과 중도금을 지급하던 당시 A가 '갑'의 대표자인 것은 사실이나 B가 A의 소유로 알고 토지를 매수한 것이므로 A가 '갑'의 대표자의 직무로서 B로부터 계약금과 중도금을 수령하였다고 보기 어렵습니다. 따라서 B는 '갑' 종중으로부터 계약금과 중도금을 반환받을 수 없습니다. 한편, B가 A에게 잔금을 지급하던 당시에는 토지가 '갑'의 소유임을 알고 있었고, A가 대표자의 지위에서 토지의 소유권을 이전하여 주겠다고 확약함으로써 A에게 잔금을 지급하였던 것으로서, A가 잔금을 수령한 행위는 '갑'의 대표자의 직무로서 한 것이라고 볼 수 있습니다. 따라서 B는 '갑' 종중으로부터 잔금은 반환받는 것이 가능합니다(대법원 1994. 4. 12. 선고 92다49300 판결).

41 족보에 기재된 사항의 변경 또는 삭제를 청구하는 소

상위 종중과 A를 장자로 기재한 족보를 제작·반포하지 않기로 약정한 사례

'갑' 종중은 '을' 종중과 2018. 3. 30. A를 장자로 기재한 족보를 제작, 반포하지 않기로 하는 내용의 약정을 체결하였습니다. 그런데 '을'이 약속을 지키지 않고 A를 장자로 기재한 족보를 제작, 반포하려고 하자, '갑'은 족보의 제작, 반포를 금지하여 달라는 내용의 소를 제기하였습니다. 이러한 소제기는 허용되는 것일까요?

■ 족보에 기재된 사항의 변경 또는 삭제를 청구하는 소제기의 허용 여부

종중의 대동보나 세보에 기재된 사항을 변경 또는 삭제하여 달라는 내용의 소는 재산상, 신분상의 어떤 권리관계에 관한 주장이 아니므로, 원칙적으로 법률상의 권리보호이익이 없어 허용되지 않습니다. 그러나 사적자치의 원칙상 당사자는 계약에 의해 급부의 종류나 내용을 자유롭게 정할 수 있으므로 당사자 간에 어떤 법적인 의무를 부담할 의사로 족보에 기재된 사항을 변경 또는 삭제하기로 약정한 경우라면 그 약정에 기해 족보에

기재된 사항을 변경 또는 삭제하여 달라는 내용의 소를 제기할 수 있습니다(대법원 1999. 2. 23. 선고 98다56782 판결).

■ 위 소제기는 허용되는 것일까요?

족보에 기재된 내용을 삭제 또는 변경하여 달라는 내용의 소는 권리보호이익이 없어 '각하'되는 것이 원칙이나 위와 같이 '갑'과 '을' 사이에 약정이 있는 경우에는 예외적으로 그러한 소제기가 허용될 수 있습니다. 따라서 '갑'과 '을'은 A를 장자로 기재한 족보를 제작, 반포하지 않기로 약정하였으므로, '갑'은 '을'에 대하여 그러한 족보의 제작, 반포를 금지하라는 내용의 소제기를 할 수 있습니다.

> ### 상위 종중이 '갑' 종중의 선대를 의도적으로 누락한 사례
>
> '갑' 종중의 선대가 A의 손자임에도 불구하고 '을' 종중은 A를 시조로 하는 종중의 대동보를 발간하면서 '갑'의 선대를 의도적으로 기재하지 않았습니다. 이러한 경우에 '을'이 '갑' 종중의 명예를 훼손하였다고 볼 수 있을까요?

▓ 명예훼손

'명예훼손'은 구체적인 사실을 적시하여 특정인의 사회적 가치나 평가를 침해한 경우에 성립하고, 어떤 표현이 사회적 가치나 평가를 침해하는지 여부는 사회통념에 따라 객관적으로 판단하여야 합니다(대법원 2007. 10. 25. 선고 2007도5077 판결).

▓ '을'이 '갑'의 명예를 훼손하였다고 볼 수 있을까요?

'대동보'는 한 성씨의 시조 이하 동계 혈족 간에 분파된 파계를 한 곳에 모아 집대성 한 것으로서, 각파의 분파조는 시조로

부터 몇 세손이고, 어느 대에서 분파되어 파조가 되었는지를 한 눈에 볼 수 있도록 수록된 족보를 말합니다. 즉, 대동보에는 시조에서 분파된 모든 파계가 빠짐없이 수록되어야 하고, 분파된 파계의 어느 일파라도 누락되지 않아야 함이 원칙입니다. 그런데 '갑'의 선대가 A의 손자임에도 불구하고 '을'이 이를 의도적으로 누락하였다면, '갑'은 대외적으로 A의 후손이 아닌 것으로 인식될 수밖에 없어 그 존립기반이 부인되고, 혈연관계가 없는 다른 자의 조상을 자신의 조상으로 삼는 종중이라는 비난을 면치 못하게 됩니다. 따라서 이러한 경우에 '을'이 '갑'의 명예를 훼손한 것으로 충분히 인정될 수 있고, '갑'은 '을'에 대하여 불법행위에 기한 손해배상청구를 할 수 있습니다(대법원 1990. 2. 27. 선고 89다카12775 판결).

관련 사례 더 알아보기

▶ '갑' 종중이 '을'의 종원들의 선대 대수를 낮추어 '갑' 종중의 후손으로 족보에 기재하였다고 하더라도 이로써 '을' 종중의 명예가 훼손되었다고 볼 수 없습니다.

　명예훼손이란 단순히 주관적인 명예감정을 침해하는 것만으로는 부족하고 그 사회적 평가를 저하시키는 행위를 뜻한다 할 것인바, 피고 종중의 가승보나 파세보에 원고 종원들 선대의 대수를 낮추어 피고 종중원들 선대의 후손으로 각 등재하고 그와 같은 내용의 세계도를 실은 영명재지를 발행 배포하였다 하더라도 그로 인하여 원고 종중이 근본적으로 조상을 부정당하게 되어 종중으로서의 존립기반이 부인되거나 혈연관계 없는 남의 조상을 자기의 조상으로 모시는 종중이라는 비난을 받는 등으로 사회적 평가가 저하된다고 볼 수 없으므로, 그로 인하여 원고 종중의 명예감정이 침해받는 것은 별론으로 하고 원고 종중의 명예가 훼손되었다고 할 수 없다(대법원 1999. 7. 13. 선고 98다43632 판결).

종중 대표자로부터 위탁 받은 종중재산을 임의로 소비한 경우의 횡령죄 성립 여부

> **종중 대표자로부터 총회 결의 없이 위탁받은 종중 재산을 임의로 소비한 사례**
>
> '갑' 종중의 대표자 A는 총회의 결의 없이 B에게 '갑' 소유의 a 토지를 담보로 1억원을 대출받아 달라고 부탁하였습니다. 그런데 B가 a 토지를 담보로 1억원을 대출받은 후 그 대출금을 임의로 소비하였고, a 토지에 개인적인 채무를 담보하기 위하여 근저당권까지 설정하였습니다. '갑'이 B를 횡령죄로 고소하자, B는 '갑'이 총회를 거치지 않았으므로 자신에게 a 토지를 처분할 권한이 없어 횡령죄가 성립하지 않는다고 주장하고 있습니다. B에게는 횡령죄가 성립할까요?

■ 횡령죄

'횡령죄'는 타인의 재물을 보관하는 자가 타인의 재물을 횡령하거나 반환을 거부할 때 성립합니다. 이때 '재물의 보관'이란 재물에 대한 사실상 또는 법률상의 지배력이 있는 상태를 말하고, 소유자로부터 위탁을 받아 보관이 이루어지는 것이 원칙이나 그 위탁이란 사실상의 관계이면 충분하고 위탁자에게 실제 재물을 처분할 유효한 권한이 있는지 여부는 관계가 없습니다. 부동산에 있어 '타인의 재물을 보관하는 자'의 여부는 동산과 달리 '부동산의 점유 여부'가 아니라 '부동산을 처분할 수 있는지 여부'를 기준으로 판단합니다(대법원 2005. 6. 24. 선고 2005도 2413 판결).

B에게는 횡령죄가 성립할까요?

비록 총회결의를 통해 B에게 '갑' 소유의 토지를 처분한 권한을 적법하게 수여한 사실은 없으나, B가 실제 '갑' 소유의 토지를 담보로 하여 1억원을 대출받았을 뿐만 아니라 그 토지에 개인채무를 담보하기 위한 근저당권까지 설정한 것을 고려하여 볼 때, B는 사실상 '갑' 소유 토지를 보관하는 자의 지위에 있는 것으로 볼 수 있습니다. 따라서 B에게 횡령죄가 성립합니다.

44 총회 의사진행업무를 방해한 경우의 업무방해죄 성립 여부

> **11명의 종원이 회장의 발언을 저지하는 등 총회 진행을 방해한 사례**
>
> '갑' 종중의 종원 A 외 10명은 총회장에서 별도의 참배록을 준비해 다른 종원들로 하여금 자신들의 참배록에 서명하도록 하고, 검은색 리본을 패용하여 세력을 과시하였으며, 총회에서 사회를 진행하는 '갑'의 회장 B가 인사말을 마치자 큰소리로 B의 퇴진을 요구하였습니다. 또한 B가 재판경과를 보고하자, 발언권도 없는 A가 연단에 올라 마이크로 재판경과가 잘못되었다는 취지의 설명을 시도하다가 집행부에 의해 제지되었고, 그 과정에서 A 외 10명과 집행부 사이에 폭행과 고성이 오고갔습니다. 결국 이러한 방해로 총회가 중단되었다면, A 외 10명에게 업무방해죄가 성립할까요?

■ 업무방해죄

'업무방해죄'는 허위 사실을 유포하거나 기타 위계 또는 위력으로 사람의 업무를 방해하는 경우에 성립합니다. 이때 '업무'는 직업 또는 사회생활상의 지위에 따라 계속적으로 종사하는 사무를 말하고, 1회성에 그치더라도 계속성을 갖는 원래의 업무를 수행하기 위한 일환으로 이루어지는 사무라면 업무방해죄에 의해 보호되는 업무에 해당합니다. 또한 '위력'이란 사람의 수, 주위상황 등에 비추어 피해자의 자유의사를 제압하기에 충분한 세력을 말하고, 현실적으로 피해자의 자유의사가 제압되었는지 여부는 관계가 없습니다.

■ A 외 10명에게는 업무방해죄가 성립할까요?

B의 총회 의사진행업무는 업무방해죄를 통해 보호되는 '업무'에 해당합니다. 또한 A 외 10명이 의사진행발언을 저지하는 등 물리적 방법으로 총회 의사진행을 중단시켰다면, A 외 10명은 위력으로 B의 업무를 방해하였다고 할 것이므로, A 외 10명에게는 업무방해죄가 성립합니다(대법원 1995. 10. 12. 선고 95다1589 판결).

> **총회 결의서를 위조하여 a 토지의 등기부에 근저당권 설정등기를 경료 한 사례**
>
> '갑' 종중의 대표자 A는 총회의 결의를 거치지 않고 '갑' 소유의 a 토지를 담보로 대출을 받기로 하면서, 마치 총회 결의가 있었던 것처럼 결의서를 위조하여 a 토지에 근저당권을 설정하고 1억원을 대출받았습니다. A가 a 토지에 관하여 근저당권설정등기를 완료한 행위는 공정증서원본불실기재죄 및 동행사죄에 해당할까요?

■ 공정증서원본불실기재죄 및 동행사죄

'공정증서원본불실기재죄 및 동행사죄'는 공무원에 대하여 허위로 신고하여 공정증서원본에 불실의 사실을 기재하게 하고, 이를 비치하여 행사하도록 함으로써 성립합니다. 이때 '불실의 사실을 기재한 것'이란 공정증서원본에 기재된 사항이 존재하지 않거나 외관상 존재하더라도 무효인 경우를 의미합니다 (대법원 2004. 9. 24. 선고 2004도4012 판결).

▣ A에게 공정증서원본불실기재죄 및 동행사죄가 성립할까요?

　A가 '갑' 종중 소유의 토지에 총회결의 없이 근저당권을 설정한 행위는 무효입니다. 따라서 마치 총회결의가 있어 근저당권설정등기가 실제에 부합한 것처럼 허위로 신고하여 '갑' 소유 토지의 등기부에 근저당권설정등기 사실을 기재하도록 하고, 이를 비치하여 행사하도록 한 A에게는 공정증서원본불실기재죄 및 동행사죄가 성립합니다(대법원 2005. 8. 25. 선고 2005도4910 판결).

관련 사례 더 알아보기

▶ 종중 대표자를 허위로 신고하여 부동산등기부에 기재되도록 한 경우에 그 기재는 공정증서원본불실기재죄의 대상인 불실의 기재에 해당합니다.

　비법인사단·재단의 경우에는 그렇지 못하여 아무 권한 없는 자가 정관이나 사원총회 결의록 등을 위조하여 자신이 진정한 대표자인 것처럼 등기신청을 할 위험이 매우 크므로 이들 단체

명의의 등기에는 대표자 등의 성명, 주소, 주민등록번호를 등기사항으로 정하여 그 단체에 속하는 부동산의 처분권한이 누구에게 있는지를 등기부를 통하여 쉽게 확인할 수 있도록 공시하기 위한 것으로 보이고, 비록 종중 소유의 부동산은 종중 총회의 결의를 얻어야 유효하게 처분할 수 있다 하더라도 거래 상대방으로서는 부동산등기부상에 표시된 종중 대표자를 신뢰하고 거래하는 것이 일반적이라는 점 등에 비추어 보면, 종중 대표자의 기재는 당해 부동산의 처분권한과 관련된 중요한 부분의 기재로서 이에 대한 공공의 신용을 보호할 필요가 있으므로 이를 허위로 등재한 경우에는 공정증서원본불실기재죄의 대상이 되는 불실의 기재에 해당한다(대법원 2006. 1. 13. 선고 2005도4790 판결).

종중소송 이야기

©김예림. 2018. Printed in Seoul. Korea

초판 1쇄 인쇄 | 2018년 05월 15일
초판 1쇄 발행 | 2018년 05월 25일

지 은 이 | 김예림
펴 낸 이 | 고미숙
편 집 인 | 채은유
디 자 인 | 송해용
펴 낸 곳 | 쏠트라인saltline
주   소 | 04556 서울 중구 마른내로 58(인현동 1가 87-18)
            31533 충남 아산시 행목로 202. 103-1407

등록번호 | 2016년 7월 25일 제452-2016-000010호
전   화 | 010-2642-3900
이 메 일 | saltline@hanmail.net

ISBN : 979-11-88192-38-0
값 : 10,000원

「이 도서의 국립중앙도서관 출판예정도서목록(CIP)은 서지정보유통지원시스템 홈페이지(http://seoji.nl.go.kr)와 국가자료공동목록시스템(http://www.nl.go.kr/kolisnet)에서 이용하실 수 있습니다.(CIP제어번호: CIP2018014518)」